건국투쟁:
민주공화국인가, 인민공화국인가?

건국투쟁:
민주공화국인가, 인민공화국인가?

박명수 지음

해방 직후 한국사의
올바른 이해를 추구하며

필자는 약 10년 전 인도를 방문하였는데, 당시 인도사람들이 우리 나라를 보고 부자나라라고 하는 것을 보고 놀란 적이 있다. 항상 우리가 가난한 나라의 백성이라고 생각했는데, 다른 나라 사람들은 우리를 부자백성이라고 부르는 것이다. 그 비슷한 시기에 필자는 미국 예일 대학에서 안식년을 보내고 있었는데, 당시 그곳에 와 있던 중국 칭화 대학 교수로부터 한국은 이미 선진국이라는 말을 듣고 기분이 좋았다. 우리가 선진국이라니, 그것도 우리가 항상 "대국"이라고 불렀던 중국으로부터.

세계 여러 나라로부터 대한민국은 제2차 세계대전 이후 가장 성공적인 나라의 하나로 평가되고 있다. 정치적으로는 민주주의를 이

루었고, 경제적으로는 세계 10위권의 경제국가가 되었으며, 종교적
으로는 아시아의 어떤 나라보다도 자유를 누리고 있다. 세계 역사상
최초로 개발도상국가에서 어려운 나라를 돕는 원조국가가 된 나라
도 바로 대한민국이다. 우리가 G-20 정상회담을 열고, 이제 선진국
과 개발도상국을 연결하는 나라가 되겠다고 선언한 것은 바로 이런
자신감에서 나온 것이다.

그러면 이런 오늘의 대한민국의 기원은 어디에 있는가? 필자는
우리가 자유민주주의를 택했기 때문이라고 생각한다. 우리는 해방
직후 심각한 논쟁과 투쟁을 거쳐서 비록 한반도의 남쪽에 불과하지
만 자유민주주의를 선택했다. 19세기 조선이 쇄국정책을 통해서 선
진문명에 대해서 문을 닫은 것이 근대사에서 가장 큰 과오라면, 남
한이 20세기 중반 공산주의를 물리치고 자유민주주의 국가를 만든
것은 가장 큰 성공이다. 이렇게 만들어진 자유민주주의 체제가 시장
경제와 종교의 자유를 가능하게 만든 것이다. 사실 이런 선택은 쉬
운 일이 아니었다. 당시 한반도에서 가장 잘 조직된 공산주의 세력
을 물리치고, 숱한 시련을 이겨 내면서 민주공화국 대한민국은 건국
된 것이다.

최근 한국사회의 가장 큰 문제 가운데 하나는 대한민국의 건국에
대해서 부정적으로 보려는 강력한 세력이 있다는 것이다. 이들 중

일부는 해방정국에서 다수의 사람들은 공산국가를 원했으며, 따라서 오늘의 대한민국은 이런 다수의 의사를 무시하고, 미군정과 소수의 친일파가 만든 정통성이 없는 국가라는 것이다. 다른 이들은 이렇게 주장하지는 않더라도 대한민국의 출발은 바로 남북분단의 시초이며, 따라서 대한민국을 세운 건국세력은 바로 분단세력이라는 것이다. 이런 생각을 가진 사람들은 해방 직후 좌우의 분단세력을 뛰어넘어 "소위 중간파"라고 불리는 여운형과 같은 사람을 부각시키려 하고 있다.

필자는 이 책에서 일제에서 해방된 1945년 8월 15일에서 미군이 진주한 1945년 9월 8일까지 약 20여 일 동안 건국을 둘러싼 논쟁을 살펴보려고 한다. 필자는 여기에서 우선 해방정국에서 여운형의 건국준비위원회가 한편으로는 과대평가되었고, 다른 한편으로는 미화되었다는 점을 밝히고자 하였다. 과대평가되었다는 점은 총독부의 도움으로 시작된 건국준비위원회가 창설된 지 얼마 가지 않아서 미군의 진주와 임정의 귀환소식 때문에 주도권을 잃게 되었다는 것이며, 미화되었다는 것은 실질적으로 건준에서 좌익 주도가 분명하고 우익세력이라는 것은 미미하기 짝이 없는데도 많은 사람들이 건준을 좌우가 연합한 민족운동으로 평가하고 있다는 것이다.

여기에 비해서 송진우를 중심으로 한 민족주의 세력에 대해서는 매우 소극적인 평가를 하고 있다. 송진우는 새로 세워지는 나라가 자유민주주의 국가여야 하며, 이것을 위해서는 오랫동안 민주공화국을 주장해 왔던 임시정부가 중심이 되어야 하고, 여기에는 미국을 중심으로 하는 연합군과의 협력이 필수적이라고 주장했다. 필자는 이 책에서 송진우를 중심으로 하는 민족주의 세력이 어떤 나라를 만들려고 했는가를 설명했다. 현재 대한민국 헌법은 우리나라가 자유민주주의 국가이며, 3·1운동과 임시정부를 계승한다고 주장하고 있다. 그렇다면 오늘의 대한민국은 바로 이 같은 송진우와 같은 민족주의 세력에 뿌리를 두고 있는 것이다.

지난 2014년 헌법재판소는 매우 중요한 결정을 내렸다. 그것은 진보적 민주주의를 표방하는 통합진보당이 대한민국의 헌법정신에 합치되지 않는다는 것이다. 통진당이 사용하는 진보적 민주주의란 북한의 김일성이 주장하는 정치이념으로서 노동자와 농민이 중심되는 인민민주주의와 비슷한 개념이다. 이것은 해방 직후에 만들어진 건국준비위원회의 정치이념이었다. 그렇다면 해방 이후 한국사를 건국준비위원회를 중심으로 서술하는 것은 큰 문제라고 본다. 이 문제는 앞으로 깊이 연구해야 할 것이다.

필자는 한국사를 전문으로 연구하는 학자는 아니다. 하지만 오랫동안 한국 기독교 역사를 공부하면서 한국사에 대해서도 관심을 가져왔다. 이런 가운데 한국사가 분단 체제 극복이라는 이데올로기에 치우쳐 사실을 왜곡하고 있다는 것을 발견했으며, 따라서 보다 객관적인 연구가 이루어져야 한다고 생각하였다. 한국 근대사를 문명교류의 입장에서 보지 못하고 지나치게 민족주의적인 입장에서 보는 내재적 발전론도, 통일을 지상과제로 놓고 해방 후의 한국사를 분단사라고 보는 역사이해도 적절하지 못하다. 오히려 오늘의 한국사회와 대한민국이 어떤 과정을 거쳐서 형성되었는가를 객관적으로 설명하는 것이 한국사 연구의 가장 중요한 과제가 되어야 할 것이다. 이런 점에서 역사가의 가장 중요한 과제는 술이부작(述而不作), 즉 사실을 서술하되 역사를 조작하지 않아야 할 것이다.

2015년 5월 박명수

차 례

해방정국에서
건국에 대한
두 가지 입장

1945년 8월 15일 일본이 항복한 다음부터 1945년 9월 8일 미군이 인천에 상륙한 약 20여일은 한국사에서 매우 중요한 시기였다. 일본은 항복하였지만 아직 미군은 한반도에 진주하지 않았다. 북한에는 이미 소련군이 와 있었고, 남한에서는 여운형이 조직한 건국준비위원회가 일본으로부터 권한을 위임받아서 치안을 담당하고 있었다.

우리는 이 시기를 다룸에 있어서 다음의 두 가지 질문을 제기할 수 있다. 첫 번째로 건국준비위원회를 어떻게 볼 것인가 하는 문제이다. 해방 직후 한국사회에서 여운형을 중심으로 한 건국준비위원회가 가장 중요한 기구였음은 분명하다. 하지만 건국준비위원회, 특히 서울을 중심으로 한 건국준비위원회가 과연 오늘의 대한민국을 만드는 데 어떤 기여를 했는가를 생각해 보아야 한다. 왜냐하면 건국준비위원회는 결국에 가서는 조선인민공화국을 만드는 산파역을 담당하게 되었고, 조선인민공화국은 해방 후 자유민주주의 국가를 건설하는 데 있어 가장 큰 걸림돌이 되었기 때문이다.

그러면 이 시간 동안에 민주주의 국가를 건설하려는 소위 민족주의자들은 어떤 활동을 하고 있었나? 이들이 원하는 나라는 어떤 나라였고, 이들은 누구와 이런 나라를 건설하려고 했으며, 이것을 위해서 이들이 취한 행동은 무엇이었는가? 지금까지 대부분의 해방 후 역사는 여운형 중심의 건국준비위원회에 대해서는 많은 연구가 있었지만 송진우를 중심으로 한 민족주의자들에 대한 연구는 별로 많지가 않다. 하지만 오늘 대한민국의 기원을 살펴보기 위해서는 해방 직후 민족주의 진영의 사상과 활동을 아는 것은 매우 중요하다고 생각한다.

이 작은 책을 통해 해방 직후 일본의 항복과 미군의 진주 사이 약 20여 일간의 한국사를 집중적으로 살펴보려고 한다. 이 첫 시기는 한국사회의 방향을 논의하는 출발시기였다. 일제 강점기 한국사회는 모두 마음을 합하여 조국의 독립을 외쳤다. 이런 점에서 일제 강점기는 좌우가 어느 정도 연합할 수 있었다. 왜냐하면 조국의 독립이라는 점에서는 같은 생각을 가졌기 때문이다. 하지만 해방 후 한국사회의 가장 중요한 과제는 조국의 독립이 아니라 보다 더 큰 문제, 즉 이 땅에 어떤 국가를 건설할 것인가 하는 것이다.

이 문제에 있어서 한국인들은 오랫동안 두 그룹으로 나뉘어서 논쟁을 거듭해 왔다. 한편에서는 미국과 기독교의 영향을 받아 서구 민주주의를 신봉하는 그룹이 있었다. 독립협회, 만민공동회, 신민회, 그리고 이승만과 김구의 대한민국 임시정부 세력이다. 이들은 "모든 국민은 계급의 구분이 없이 주권을 행사할 수 있어야 한다."고 생각하고, 개인의 자유와 어느 정도의 사적 소유권을 인정한 사람들이다. 아마도 대다수의 한국인들은 이 노선에 서 있었다.

다른 한편으로는 소련과 공산주의의 영향을 받아 사회주의 사상을 받아들여서 소위 인민공화국을 건설하려는 세력이다. 이들은 일본제국주의뿐만 아니라 자본주의 체제 자체를 부정하고, 노동자와 농민이 주도하는 인민정권을 세우려는 사람들로서 오랫동안 국제공산당(코민테른)의 지도와 후원을 받았다. 이들은 숫자는 많지 않았지만 잘 조직화되었고, 강한 추진력을 갖고 있었다.

해방 후 한국사회는 이 두 그룹 간에 누가 주도권을 갖느냐 하는 것이다. 이 문제는 여러 가지 복잡한 상황과 연결되어 발전되어 갔다. 먼저 국제적으로는 미국과 소련의 대립이다. 미국과 소련은 일본과 싸우는 데는 하나가 되었지만 전후 누가 세계질서를 이끌어 가는 데 주도권을 갖느냐 하는 문제에 있어서는 전연 입장이 달랐다. 미국은 자신들의 지원 아래 소련이 전쟁을 수행했기 때문에 당연히 미국의 주도권을 받아들여야 한다는 생각을 갖고 있었다. 하지만 소련은 궁극적으로 자본주의 국가가 자신들의 사회주의 체제에 위협이 되므로 자신들의 영역을 확장시켜야 했다. 특히 일본의 자본주의 위협이 소련의 극동 방위에 위협이 되므로 소련은 만주와 한반도에 친소정권이 수립되어야 한다고 생각하였다. 이런 국제적인 상황 속에 해방 후 한국사회의 갈등은 근본적으로 국제사회의 갈등이었던 것이다.

두 번째로 국내적으로 누가 건국의 주역이 될 것인가 하는 것이다. 일제 강점기 동안 가장 큰 민족운동은 3·1운동이었다. 이 운동은 천도교와 기독교를 중심으로 한 민족주의자들이 주도한 운동이다. 그러나 1930년대를 지나가면서, 특히 1937년 중일전쟁 이후 국내의 모든 민족운동은 일제의 강력한 박해를 받게 되어 대부분의 민족운동은 중단되었을 뿐만 아니라 상당수 친일을 하게 되었다. 이런 상황 가운데 국내에서는 박헌영과 여운형을 중심으로 한 좌파의 지하운동이 있었고 송진우, 조만식, 안재홍을 중심으로 한 민족주의자들의 비타협 저항운동이 있었다. 해방 직후 재빨리 건국운동의 주도권을 잡은 세력은 여운형과 박헌영 계열의 공산주의자들이다.

이들은 자신들이 건국의 주역이 되어야 한다고 생각했다. 여기에 비해서 민족주의자들은 3·1정신을 계승한 대한민국 임시정부가 중경에 있고, 이들이 오랫동안 민족독립운동의 상징이었기 때문에 임시정부가 건국의 주역이 되어야 한다고 보았다. 좌익 그룹은 인민정권을 창출하려고 했고, 우익 그룹에서는 서구식 민주정부를 세우려고 했다.

세 번째, 어떤 과정을 통해서 국가를 건설할 것인가 하는 점이다. 좌익 그룹이 좋아하는 방법은 인민대표자대회를 통해서 인민위원회를 만들어서 인민정권을 창출하자는 것이다. 이것은 공산주의자들이 공산국가를 건설할 때 사용하는 전형적인 방법이다. 여기에서 말하는 인민은 모든 사람을 말하는 보통명사로서의 인민이 아니라 농민과 노동자가 중심이 되고, 여기에 소자본가와 지식인이 첨가되는 반자본가 집단으로서의 인민이다.[1]

따라서 여운형을 중심으로 하는 좌익 그룹에서는 인민대표자대회를 열어서 지하혁명 그룹을 인준해서 새로운 정부를 만들자고 했다. 이것이 조선인민공화국이다. 하지만 우익 민족주의자들은 인민대표자대회 대신 각 지역별 유지를 중심으로 모든 국민을 대표로 하는 국민대회를 개최할 것을 제안하였다.

한일병합 이후 미국에서, 중국에서, 연해주에서 각종 국민대회를 열어서 우리 모든 국민의 열망을 담아 조국의 독립을 이루려는 민족주의자들의 오랜 의결방식이었다. 해방 당시 좌우논쟁에서 '인민'이라는 용어가 자본가를 배제한 특정계급에 강조를 둔다면 '국민'이라는 용어는 이런 계급을 초월하는 용어로 사용되었다. 이런 논쟁에는 새로운 나라가 특정 계층에 기초해야 하는가 아니면 계급을 초월해야 하는가에 대한 정치철학이 담겨 있다.

이 같은 양측의 입장은 1945년 8월 12일과 13일 사이 좌익의 여운형을 대변하는 정백과 우익의 송진우를 대변하는 김준연이 만나 서로의 입장을 확인한 내용에서 어느 정도 나타나 있다.[2] 당시는 원자탄의 투하와 소련의 대일전쟁 선언으로 일본의 패색이 짙어가고 이미 북한지역에 소련군이 진주하여 해방이 가까웠다고 생각되던 때였다.

1. 여씨 측 주장

  1) 일제는 이미 포츠담 선언에 의하여 무조건 항복이 결정되었으므로 조선민족이 자주자위적으로 당면 보안민생문제를 위시하여 주권확립에 만전할 것

  2) 국내에서 적과 항쟁하든 인민대중의 혁명역량을 중심하고 내외 혁명단체를 총망라하여 독립정부를 세울 것

2. 송씨 측 주장

1) 왜정이 완전히 철폐될 때까지 그대로 참고 있을 것이다. 총독부
   가 연합군에게 조선 정권을 인도하기 전까지는 독립정권을 허
   하지 않으므로 적과 투쟁할 수 없는 것

2) 재중경 김구 정부를 정통으로 환영 추대할 것

위의 내용은 좌익 연합단체인 민주주의민족전선에 의해서 쓰였으
므로 송진우 측의 입장을 비꼬는 투로 설명하고 있지만 해방 직전 조
선의 양 진영을 잘 설명하여 주는 내용이다. 여운형의 입장은 당장에
일본으로부터 정권을 인수하여 건국운동에 나서되, 일제 말 지하에
서 활동하던 세력들, 곧 건국동맹이 주체가 되어야 한다는 것이다.

여기에 비해서 송진우는 건국운동은 미군을 비롯한 연합군이 진주
할 때까지 기다려야 하며, 건국의 중심은 임시정부가 되어야 한다는
것이다. 한 마디로 여운형은 "인민혁명의 역량을 중심으로 한" 인민
정권을 세우려고 했고, 송진우는 3·1운동 이후 오랫동안 민주공화국
을 주장한 임시정부에 기초한 서구 민주주의 국가를 세우려고 했다.

지금까지 많은 한국 현대사 연구가 소위 '분단국가 극복'이라는 방
향 아래 이루어졌다. 한국 현대사의 비극은 한반도의 분단이며, 한
국사 연구는 이런 분단상황을 극복하기 위해서 진행되어야 한다는

것이다. 하지만 이런 사관은 당시 남북의 정치적 현실을 무시하게 만들었다. 해방 후 한국사회는 좌우의 이념갈등 가운데에 있었고, 이런 현실 가운데 오늘의 대한민국이 만들어졌다. 당시 남한사회는 좌우의 이념대결에서 자유민주주의를 택했고, 이것이 오늘의 대한민국을 만드는 가장 중요한 기초가 되었다.

지금까지 많은 역사학자들은 남한사회의 민주주의 선택을 분단사관의 입장에서 보고 부정적으로 평가했지만 이제는 이것을 대한민국 건국과정으로 봐야 할 것이다. 이런 민주주의 선택 때문에 개인의 자유, 소유권의 인정, 그리고 종교의 자유와 같은 귀한 개념이 발달할 수 있었고, 이것은 오늘의 대한민국을 만드는 기초가 되었다.

우리가 만일 이런 관점에서 역사를 서술해야 한다면 우리는 건국준비위원회를 통해서 인민공화국을 만든 여운형보다는 연합군과 함께 임시정부를 중심으로 민주공화국을 만들려고 했던 송진우와 민족주의자들의 노력을 재평가해야 할 것이다. 왜냐하면 남한사회에 민주주의를 담보할 수 있는 가장 중요한 요소는 민주국가인 미국과 연대하는 것이며, 민주주의를 지키기 위해서 노력한 임시정부를 계승하는 것이며, 이것을 위해서 특정계급에 근거한 인민공화국이 아니라 모든 국민의 의사를 존중하는 민주공화국을 세우는 것이기 때문이다.

1부

■

해방 직후
건국준비위원회의
조직과정과 성격

1장

건국동맹의 성격과
건국준비위원회의 조직

해방 이후 제일 먼저 만들어진 단체가 바로 여운형을 중심으로 만들어진 건국준비위원회이다. 건국준비위원회는 해방 직후 총독부로부터 권한을 위임받아서 임시로 치안을 담당하기 위해서 만들어진 단체이다. 하지만 이 단체는 단지 치안에만 머물지 않고, 자신들이 새로운 나라를 만드는 데 주체가 되려고 했다. 그렇다면 이 단체가 새롭게 만들려고 하는 나라는 과연 어떤 나라였는가? 그리고 누가 여기에서 주도적인 역할을 했는가? 그리고 이런 해방정국의 활동이 오늘의 대한민국과는 무슨 관계가 있는가 하는 문제는 매우 중요한 과제가 아닐 수 없다.

근래에 진보적인 역사학자들은 여운형의 건국준비위원회가 좌우이념을 넘어 중도좌파의 여운형과 중도우파의 안재홍이라는 중간세력이 만든 것이며, 이들은 미소의 간섭이 없는 주체적인 민족국가를 형성하려고 했다고 주장하며, 그러나 9월 초 건국준비위원회에 재건파 공산당들이 들어옴에 따라서 좌경화되었다고 주장한다. 해방 후 민족국가 건설운동에 대해서 연구한 진보적 역사학자 서중석은 "좌우합작의 독립국가 건설의 방향에서 변화하여 9월 초 건국준비위원회는 좌경화되었던 바"라고 말하고 있다.[3]

우리는 이 같은 서중석과 진보적인 역사학자들의 주장에 대해서 다음과 같은 두 가지 질문을 제기할 수 있다. 첫째, 과연 건국준비위원회는 처음부터 좌우가 상호 협력한 단체인가? 필자는 여기에 대해서 부정적이다. 건국준비위원회는 그 이전 단계인 건맹 시절부터 좌우합작이 아니며, 건준 자체도 비록 민족주의자 안재홍이 가담하기는 했지만 좌우합작이라고 보기 어렵다. 둘째, 건국준비위원회는 좌우이념에서 벗어난 독립국가를 건설하려고 했는가? 필자는 많은 자료를 통해서 건국준비위원회는 처음부터 좌우이념에서 벗어난 독립국가가 아니고, 인민정권을 건설하려는 분명한 목적을 가지고 있었다고 본다. 여운형이 해방정국에서 정치를 판단하는 가장 중요한 것 가운데 하나는 인민정권을 수립할 수 있는가 하는 것이었다. 필자는 이 같은 사실을 자료를 통해서 입증하고자 한다.

건국준비위원회는 일제하의 지하운동단체인 건국동맹이 주체가 되고 여기에 안재홍과 같은 온건 민족주의자들이 참가하여 만들어진 단체이다. 따라서 건국준비위원회의 성격을 알기 위해서는 먼저 건국동맹의 성격을 살펴보아야 한다. 건국동맹은 여운형을 중심으로 사회주의자(혹은 진보적 민주주의자, 진보적 민족주의자)와 여러 종류의 공산주의자들이 모여서 만든 좌익 통일전선이다. 여운형이 만든 건국동맹에 참여하였고, 그 뒤 여운형이 세운 인민당의 선전부장, 좌파 연합단체인 민주주의민족전선의 선전부장을 지낸 김오성은 건국동맹을 다음과 같이 설명한다.[4]

> 야수적인 강압 때문에 사라진 항일전선은 다시 지하공작적으로 잠세(潛勢)를 성장시켜, 공산당 재건 위원회 중심의 제 그룹과 진보적 민족주의자와 공산주의자의 협동으로 인민전선을 목표로 하는 건국동맹 등이 항일투쟁과 건국준비공작을 자담, 계승하여 온 것이다.

김오성의 주장에 의하면 건국동맹은 일제 말 지하운동을 해온 공산당 재건 그룹(경성 콤그룹)과 진보적 민족주의자(여운형계) 그리고 또 다른 공산주의 그룹(후에 장안파라고 불리는 원로 공산주의자 그룹)이 모여서 만든 단체이며, 그 성격은 인민전선을 형성하는 것이 목표였다고 한다. 이것은 건국동맹이 좌우합작이 아니라 좌익통일전선이라는 것이며, 그 목표는 인민전선, 곧 인민정권을 만드는 데 있다는 것이다.

우리는 먼저 건국동맹을 형성하는 여러 그룹들을 살펴볼 필요가 있다. 먼저 건국동맹을 만든 여운형을 살펴보아야 할 것이다. 여운형을 정의하는 것은 매우 어렵다. 하지만 그가 1920년대 이후 가장 가깝게 관련을 맺은 사람들은 공산주의자들이었다. 여운형은 민족해방뿐만 아니라 계급해방을 지향했고, 이것을 위해서 자본주의적인 제국주의와 싸워야 한다고 생각했다. 이런 점에서 그는 공산주의와 많은 것을 공유하고 있다. 하지만 그는 공산주의자들과 같이 계급투쟁에 목숨을 걸지는 않았다. 정치적인 활동에 의해서 계급을 타파해야 한다고 믿었다.

이런 점에서 여운형은 전형적인 공산주의자와는 다르다. 따라서 사회주의자로 부를 수 있다. 아울러 그는 일제하 한국사회에서는 노동자나 농민이 중심이 되는 계급투쟁을 할 여건이 되지 않고 있으며, 따라서 현 단계에서는 민족주의자들과 함께 민족운동을 해야 한다고 보았다. 이런 점에서 그를 진보적 민족주의자라고도 부른다. 아울러서 여운형은 전통적인 부르주아지(자본가)가 주도하는 보수적 대의민주주의를 반대하며, 오히려 노동자와 농민이 주도하는 민

주주의, 즉 진보적 민주주의를 주장한다. 여운형은 스스로를 진보적 민주주의자로 불렀다.[5]

여운형이 일제 말 지하운동을 하기 위해서 제일 먼저 만난 사람들은 박헌영 계열의 경성 콤그룹이다. 이들은 1939년부터 1941년 서울, 함경도, 경상도를 중심으로 활동하던 일제 강점기 최후의 공산당 조직으로서 1940년 말부터 와해되기 시작했다. 여운형은 일본이 망한다는 유언비어를 유포했다는 혐의로 감옥에 있다가 1943년 8월 출옥했는데, 이후에 바로 이 경성 콤그룹과 교류하였다. 이때 여운형과 연락했던 인물들은 최용달, 김태준, 현준혁, 서중석, 이강국, 박문규와 같은 이들이었다. 특별히 성대 3총사로 불리는 최용달, 이강국, 박문규는 비록 건국동맹에 가입하지는 않았지만 '동지적 활동'을 하기로 약속하였다.[6]

1943년부터 여운형은 이들과 인민전선을 논하고, 인민위원회 설립을 상의했다.[7] 인민전선이란 1935년 제7차 코민테른에서 나온 것으로 독일, 이탈리아 같은 파쇼제국에 맞서기 위해서 노동자, 농민, 소시민, 지식인들까지 연대하여 싸우자는 공산주의의 투쟁전략이다.[8] 인민위원회는 인민의 손으로 인민의 이익을 위한 인민 자신의 주권을 세우려는 혁명적 정부기관이다.[9] 다시 말하면 인민위원회는 대의제도와 법치주의를 부정하고, 직접 인민이 주권을 행사하는 공산주의 통치방식인 것이다.[10] 여운형은 이들과 함께 이 같은 인민정권의 수립을 꾀했다. 이들은 대부분 해방 후 박헌영의 재건파에 가담하였다.

여운형과 함께했던 또 다른 공산주의 그룹은 조동호를 중심으로 하는 공산주의 원로 그룹이다. 특히 조동호는 일찍이 여운형과 함께 중국에 가서 신한청년당을 만들고, 소련의 극동피압박자대회에도 다녀온 일생의 동지였고, 1930년대 중반에는 『조선중앙일보』에서 함께 일했다.[11] 특히 조동호는 1925년 조선공산당이 창당되었을 때 조직부장을 맡았던 공산당 지도자로서 일찍이 인민공화국의 건설을 주장하였다.

그에 의하면 인민공화국은 민주공화국과 소비에트 공화국의 중간단계에 있는데, 민주공화국에서 공산당은 여러 당 가운데 하나이며, 인민공화국에서는 여러 계층 가운데서 노동자와 농민이 주도하는 단계이며, 소비에트 공화국은 프롤레타리아가 독재하는 단계라는 것이라고 보았다.[12] 그러나 조동호는 1945년 8월 4일 아침 이걸소, 황운, 이석구 등 건국동맹의 다른 간부들과 함께 일본에 체포되었다. 그리고 이들이 석방된 것은 일본이 해방되고 난 다음이다.

건맹 간부들이 체포되고 난 다음에 여운형은 건맹을 재조직하고 이들을 재건 간부라고 불렀고, 이전의 간부들을 초건 간부라고 불렀다. 이 새로 조직된 건맹의 중심인물은 바로 여운형의 사돈인 이만 규였다. 여운형은 8월 9일부터 이들을 운니동 송규환의 집에 모이게 하고, 이상백, 이여성, 양재하, 이동화, 이정구, 김세용과 같은 사람들을 모아서 해방을 맞기 위한 준비를 시켰다.[13] 해방 이후 초건 간부와 재건 간부 사이에 갈등이 있었다. 당시 건맹의 조직은 비밀 지하조직이었기 때문에 서로 간에도 잘 몰랐다. 해방 후 초건 간부들이 석방되어 활동을 하려고 할 때 이미 재건 간부들이 자리를 잡고 움직이고 있었다.[14] 자연히 재건 간부들을 중심으로 건국동맹은 재편되었고, 조동호는 건국준비위원회에서 활동을 하고, 다른 사람들은 이만규와 함께 건국동맹을 유지해 나갔다.

해방 직전과 직후에 여운형과 함께 중요하게 활동했던 사람은 정백이다. 그는 특별히 1920년대 후반 소위 ML계에 속했던 공산당의 중요 간부였다. 하지만 일제 말 그는 일제와 타협하여 광산업에 종사하였다.[15] 그가 여운형과 관계를 맺은 것은 바로 해방 직전이었고, 주로 여운형과 일본 당국 사이의 중재역할을 하였다. 조동호와 정백은 다 같이 처음에는 장안파에 속했다가 결국에서는 박헌영과 반대되는 노선을 걸었다.

건국동맹은 바로 여운형과 여러 공산주의자 그룹이 만든 좌익 통일전선 단체로서 인민정권을 만들려는 목적을 가지고 있었다. 하지만 일부 학자들은 건국동맹이 좌우합작의 성격을 갖고 있다고 주장한다. 건국동맹에 대해서 본격적인 연구를 한 정병준은 건국동맹이 "이념적으로는 공산주의자로부터 민족주의자에 이르는 사람들이 망라되었다."고 주장하면서 건국동맹이 이념을 초월한 민족운동이라고 설명한다.[16]

심지어 고등학교 교과서에도 이렇게 설명하고 있다. 2014년 금성출판사 『한국사』 교과서는 건국동맹이 "이념적으로는 민족주의자부터 사회주의자까지를 모두 포함한다."고 기록하고 있다.[17] 하지만 실제로 주요 우익 민족주의자들 가운데서 건국동맹에 가담한 사람은 없다. 송진우, 조만식을 말할 것도 없고, 안재홍까지도 해방 직후까지는 건국동맹의 존재를 알지 못했다. 따라서 건국동맹이 좌우합작의 이념을 초월한 민족운동이라고 보는 것은 잘못이다.[18]

그러나 이런 좌파의 연합전선으로는 해방정국을 이끌어 갈 수 없다. 아울러 일본 당국도 좌파에게만 치안권을 넘겨줄 수 없다고 생각했다. 따라서 여운형은 소위 '중도우파'라고 불리는 안재홍을 초청해서 함께 건국준비위원회를 만들었다. 뒤에서 살펴보겠지만 안재홍은 우파 주도의 연합전선을 추구하는 민족주의자였다. 건국준비위원회는 여운형을 위원장으로, 안재홍을 부위원장으로 구성되었다. 하지만 안재홍은 항상 건국준비위원회의 주도 그룹과 싸웠고,

건국준비위원회를 우파 주도의 단체로 만들려고 노력했지만 결국 실패했고, 건국준비위원회를 탈퇴하고 말았다. 그래서 민주주의민족전선에서 편집한『조선 해방 일년사』에서는 건국준비위원회를 '진보적 민주주의자와 공산주의의 연합전선'이라고 주장한다.

해방 직후 새로운 나라의 건국운동은 소위 공산주의 단체들이 선점하였다. 건국준비위원회도 마찬가지였다. 위에서 인용한『조선 해방 일년사』는 해방 직후의 상황을 다음과 같이 설명하고 있다.[19]

8·15 세계민주주의 승리의 앞에 일제의 무조건항복이 공포되자 국내에 잠재해 있던 모든 혁명적 애국전사들은 도처에 약기(躍起)하야 자주독립의 기초적 공사를 제창하니 민중은 이에 화답하야 자치, 자위 등 혁명적 조직을 즉시 결성하야 적의 무장해제, 적산접수관리 재편성, 행정, 사법, 경비 등 제 부분의 신활동이 돌연히 인민정권의 형성과정을 표시하였다. 공산주의자 단체 지도 밑에서 계속 형성된 건국준비위원회, 인민위원회가 즉 그것이었다.

1946년 8월 출판된『조선 해방 일년사』는 좌파 진영의 상황을 잘 아는 사람들에 의해서 쓰였다는 것을 인식해야 할 것이다. 이 책의 편집위원은 이강국, 최익한, 박문규, 이석태인데 이 중 이강국과 박문규는 최용달과 더불어 오래전부터 여운형과 함께 활동한 사람이며, '동지적 활동'을 하겠다고 약속한 사이였고, 해방 직후 건국준비위원회의 첫 모임에 참여하여 기획처의 일원으로 활동하였다. 여운형은 이들과 함께 건국사업을 시작하였다.[20]

『조선 해방 일년사』는 지하에 있던 공산주의 세력이 등장했고, 이들은 인민정권, 곧 인민공화국을 지향했으며 인민위원회는 물론 건국준비위원회도 여기에 속한다는 것이다. 그렇다면 해방 이후 여운형의 건국준비위원회는 근본적으로 여운형과 공산주의자들의 합작품이며, 여기에서 안재홍은 처음부터 주도적으로 활동하지 못했다고 봐야 한다. 우리는 여기에 대해 다음 장에서 안재홍에 관한 부분을 살펴볼 것이다.

1945년 8월 15일 오전 여운형은 엔도 총감을 만나고 돌아와서 건국동맹을 소집하였다. 해방된 날 늦은 아침 운니동 송규환의 집에서 건국동맹의 첫 번째 모임이 열렸다. 참석한 사람은 장권, 이정구, 이여성, 김세용, 이강국, 박문규, 양재하, 이상백, 이만규 등이었다.[21] 여운형은 이 건국동맹의 모임을 기획처라고 불렀다. 흥미 있는 것은 과거에는 협력적 동지의 관계였던 이강국, 박문규 등의 이름이 보다 분명하게 등장하고 있다는 것이다. 이것은 과거 은밀하게 관계하고 있던 공산주의 그룹이 광복을 기점으로 본격적으로 등장하고 있다는 것을 의미한다.

여운형은 이곳 기획처에서 계획한 것을 보다 공식적으로 여운형과 안재홍이 만든 실행부에서 실천하도록 했다. 여운형은 기획처의 결정을 실행부에 옮기는 일은 자신이 맡기로 했다. 이것은 아마도 기획처가 여운형의 개인적인 자문기구였기 때문이기도 할 것이며, 동시에 이들 가운데 좌익이 많아서 이들을 노출시키지 않으려 했기 때문일지도 모른다. 아울러서 이만규를 지목하여 자신이 없을 때 기획처의 일을 총괄하라고 지시하였다. 그 후 기획처는 협소한 운니동을 떠나 종로 2가 YMCA건물로 사무실을 옮겼다.

이 기획처는 실질적으로 건국준비위원회를 움직이는 그룹이었다. 이만규는 나중에 이 모임 가운데 건국준비위원회에 파송해서 건국준비위원회를 돕도록 하였다고 기록하고 있다. 그리고 그 명단에는 이여성, 함봉석, 김오성, 양재하, 김세용, 이강국, 박문규, 이상도, 이정구, 최근우, 장권, 조용세, 김재용, 이동화, 오운길, 오재일 등이 들어 있었다. 이 중 이강국과 박문규는 건국동맹의 정식회원은 아니었지만 실질적으로 건국준비위원회를 주도하는 사람들이었다.[22]

이 명단은 매우 중요하다. 많은 학자들이 건국준비위원회가 처음에는 온건한 입장을 갖고 있다가 나중에 좌경화되었다고 기록하고 있다. 하지만 이것은 잘못이다. 건국준비위원회에서 가장 급진적인

이름	일제 하 활동	건준 활동
이여성	북풍회, 조선공산당	2차조직
함봉석		
김오성	일제하 소작쟁의 주도, 독서회사건	
양재하	언론인	2차조직
김세용	모스크바 공산대학	3차조직
이강국	경성제대 반제동맹, 원산적색노조	2차조직
박문규	경제연구회	2차조직
이상도		
이정구		3차조직
최근우	신간회	1차조직
장권	체육계(연전교수)	2차조직
조용세		
김재용		
이동화	콤그룹 독서회	2차조직
오운길		
오재일		

건국동맹·기획처 인물들의 건국준비위원회 활동

출처: 이만규, 『여운형선생 투쟁사』, pp.202~203.

공산주의자들인 최용달, 이강국, 박문규는 해방 전 건국동맹 시절부터 관련되었던 사람이며, 해방 직후에도 처음부터 관여하고 있었다.[23] 그러나 이들은 최용달을 제외하곤 처음에는 기획처에 있다가 나중에 본격적으로 등장한 것이다. 따라서 우리는 건국준비위원회를 설명하는 데 있어서 이 기획처의 존재를 인식해야 할 것이다. 기획처에 관련된 사람들의 인적 사항을 정리해 보면 다음과 같다. 다음의 표를 보면 처음 건국준비위원회에 참여했던 사람들이 나중에 건국준비위원회의 간부가 되고 있는 것을 알 수 있다.

한 가지 더욱 지적해야 할 것은 건국준비위원회의 조직 이후에도 건국동맹은 여전히 남아 있어서 여운형의 직계로서 활동했다는 것이다. 아마도 건국준비위원회의 기획처와 건국동맹은 서로 겹치는 부분이 있는 것 같다. 여운형은 해방 후 건국동맹을 새롭게 개편해서 자신의 미래 정치를 대비했다. 그는 건국준비위원회가 정부역할로, 건국동맹은 정당역할로 발전시키려 했다. 그리고 이 건국동맹의 책임을 그의 사돈인 이만규에게 맡겼다. 해방 후 건국동맹의 조직은 다음과 같다.[24]

총무부: 이만규, 이걸소, 이상백

재정부: 현우현, 송규항

조직부: 이석구, 김연의

선전부: 황운

정보부: 이우재

서기국: 신응식

흥미로운 것은 건국동맹의 회원 가운데 건국준비위원회에서 활동한 사람들과 건국동맹에서 활동한 사람들을 분석해 보면 건국준비위원회로 간 사람들 중 공산주의 활동을 한 사람이 절대적으로 많고, 건국동맹에서 활동한 사람들은 비교적 온건한 입장에 있는 사람들이라는 것이다. 예를 들면 건국준비위원회에서 활동한 사람 가운데 이여성, 김오성, 김세용, 이강국, 박문규, 이동화 등은 공산주의 활동을 한 사람들이다. 하지만 여기에 비해서 건국동맹에 남은 사람들 가운데는 이걸소를 제외하고는 해방 이전에 뚜렷하게 공산주의 활동을 한 사람이 보이지 않는다. 이걸소는 1925년 공산당에 입당했으며, 수차례에 걸쳐서 투옥되었다.[25] 이것으로 보아서 여운형은 좌익 성향의 사람들을 건국준비위원회에 전면배치하였다고 볼 수 있다. 이런 점에서 건국동맹과 건국준비위원회에서 동시에 활동한 이동화가 당시 여운형과 그의 동료들이 "해방 직후에 우리들은 역시 코뮤니스트(Communist)들하고 손을 잡아야 새로운 조국을 건설할 수 있을 것이다."라고 말했다는 증언은 사실에 합치되는 것이다.[26]

다음으로는 실행부이다. 여운형은 기획처와는 별도로 계동의 임용상의 집에 실행부를 두었다. 여기가 건국준비위원회의 공식 사무실이 되었다. 이 실행부는 보다 공식적인 건국준비를 하는 모임이었다. 여기에서 8월 17일 건국준비위원회의 1차 조직이 이루어졌다.

이 실행부의 조직은 다음과 같다:[27]

위원장: 여운형

부위원장: 안재홍

총무부: 최근우

조직부: 정백

선전부: 조동호, 최용달

무경부: 권태석

재정부: 이규갑

여기에 의하면 철저한 공산주의자가 정백, 조동호, 최용달이며 사회주의 계열이 여운형, 최근우이며 민족주의 계열이 안재홍, 이규갑, 권태석이다. 여기에서 여전히 건국준비위원회는 공산주의와 온건 사회주의 계열이 자리를 잡고 있으며, 여기에 안재홍이 참가하고 있는 것이다.

건준 실행부의 1차 조직을 보면 먼저 초기 건국동맹의 지도자였던 조동호는 해방 직전 체포되었다가 해방 이후 출옥하였기 때문에 해방 직전과 직후의 변화에 대해서 잘 알지 못했고, 그가 체포된 다음에 새로 형성된 재건 간부와 갈등을 갖기도 했다.[28] 결국 조동호는 건국동맹의 실무를 소위 재건 간부(대표 이만규)에게 넘겨주었다. 조동호는 건국준비위원회에 적극적으로 참여하지 않았고, 명단도 명목상으로만 선전부라고 되어 있다. 실질적으로는 최용달이 담당한 것 같다. 조동호는 건국준비위원회의 2차조직 이후에는 정치 일선에서 후퇴하였고, 박헌영에 의해서 배신자로 낙인찍혔다.[29] 초건 간부였던 이걸소, 황운, 이석구 등 대부분은 건국준비위원회의 조직에 참여하지 않고 여전히 건국동맹에 남아서 여운형 직계로서 활동했다.

다음으로 중요한 인물은 정백이다. 초기에 여운형과 더불어서 가장 가까이서 건국준비위원회 조직에 참여했던 사람은 바로 정백인 것 같다. 정백은 여운형을 대리해서 송진우 측과 교섭을 했고, 송진우 측의 김준연에게 조직에 참여할 것을 요청하기도 하였다.[30] 정백은 1920년대 중반에 김준연과 함께 소위 ML파 공산당 운동을 함께하기도 하였다.

해방 당일 정백은 김준연에게 소련군이 진주하는데, 앞으로 후회하지 않겠냐고 전화를 하기도 했다. 이런 점에서 초기 건국준비위원회에서 정백은 매우 중요한 역할을 하고 있었다. 여운홍의 증언에 따르면 해방 당일 여운형이 정무총감을 만나고 정백과 함께 돌아와서 심각한 대화를 나누었다고 했다.[31] 해방 직전과 직후 조동호는 감옥에 있었기 때문에 건국준비위원회의 창립에 참여하지 못했고, 오히려 정백이 여운형과 함께 건국준비위원회를 이끌어 갔던 것이다.

최근우는 건국동맹 시절부터 여운형과 함께했던 인물이다. 원래 여운형과 상해 시절부터 친구였으며, 한때 일본 괴뢰정부인 만주국을 위해서 일하는 동시에 일제 말에는 중국에서 활동하는 독립동맹과 건국동맹을 연결하는 일을 하였다. 건국준비위원회 시절에는 여운형과 총독부 사이를 연결하는 일을 맡은 것 같다.[32] 권태석은 안재홍을 건국준비위원회에 강력하게 추천한 사람으로 신간회에서 안재홍과 함께 일했던 사람이다.[33] 이규갑은 3·1운동에 가담하여 한성 임시정부를 만드는 데 기여했고, 신간회 동경지부장을 지냈던 감리교 목사이다. 이규갑은 여운형과 재정문제로 논쟁을 벌였으며, 여운형이 건국준비위원회에서 독재를 한다고 비판하였다.[34]

뒤에서 보게 되겠지만 건준의 1차조직 간부로 활동하던 사람들은 거의 다 중도 탈락하고, 여운형의 측근인 최근우 한 사람만 남았다. 여기에 비해서 건준의 기획처에서 일하던 건국동맹 인사들은 건준이 해산될 때까지 활동했다. 따라서 우리는 건준의 조직을 연구하는 데 있어서 건준의 기획처, 다시 말하면 건국동맹의 인물들을 주목해야 할 것이다. 더욱 우리가 주목해야 할 것은 바로 이 기획처 인사들 가운데 건준을 실질적으로 좌익으로 이끌었던 최용달, 이강국,

박문규가 자리 잡고 있다는 것이다. 여운형의 말대로 한다면 이들은 여운형과 '혁명적 활동'의 관계에 있는 것이다. 이들은 건국동맹과 건국준비위원회가 바로 여운형과 자신들의 통일전선이라고 생각한다.

실제로 건국준비위원회를 이끌어 갔던 핵심그룹은 실행부라기보다는 기획처라고 해야 옳을 것이다. 그러므로 해방 직후 여운형의 주위에 있던 그룹이 누구였는가를 살펴보는 것은 매우 중요하다. 먼저 여운형의 후원자이며, 여운형의 지시로 1941년 박헌영의 추종자에게 후원금을 보냈다는 이유로 구속된 바 있고, 해방 당일에도 여운형과 관련된 일로 헌병대에 구류되었다가 여운형이 차로 석방시켜 주었던 이임수는 그의 아들 이란으로부터 여운형의 주변의 사람들에 대한 이야기를 듣고 격분하여 여운형을 찾아가서 "공산당을 하려고 하느냐? 왜 공산당 사람들하고만 상종하느냐."고 격론을 벌였다고 한다.[35]

실제로 그의 주변에는 공산당 사람들이 많았고, 바로 그의 옆집에는 공산당원인 홍증식이 살고 있었다. 그는 여운형이 『조선중앙일보』 사장을 할 때부터 알고 지내왔다. 해방 전날 여운형은 총독부로부터 면담 요청을 받고, 그를 불러서 새벽까지 이야기를 하고 있었다. 여운형은 홍증식에게 당시 가장 강력한 신문인 『매일신보』를 접수할 것을 지시하였다.[36] 해방이 되던 날 바로 그 홍증식의 집에서 주로 서울에 있던 공산당들이 모여 조선공산당을 재건하였고, 이들은 그 다음날 장안빌딩으로 장소를 옮겨 본거지로 삼았다. 이들은 장안빌딩을 본거지로 삼았기 때문에 장안파 공산당이라고 부른다. 여기에 건국준비위원회에 참여하였던 정백, 조동호가 참여하고 있었다. 해방 직후 공산당원으로 활동했던 고준석에 의하면 건준은 처음부터 공산주의자들의 헤게모니 안에 있었고, 여운형은 해방 당일 장안파 공산당의 비밀당원이었다고 한다.[37]

이미 위에서 지적한 대로 진보적 역사학자 서중석은 건국준비위원회를 좌우합작의 민족통일운동으로 설명하였다. 이것은 고등학생들의 역사교과서도에 그대로 설명되어 있다. 금성출판사는 건국준비위원회가 "좌익과 우익세력이 망라하여" 설립되었다고 말하고 있다.[38] 물론 안재홍이 건준에 참여하였지만 그는 주도세력이 아니었다. 건준의 주도세력은 역시 사회주의자 여운형과 공산주의자들이었다. 따라서 건준이 좌우의 세력이 총망라되었다는 통설은 잘못되었다.

일부 한국사학자들은 여운형의 건국동맹과 건국준비위원회를 좌우합작의 민족통일 건국운동으로 설명하고자 한다. 하지만 이것은 역사적인 사실과 다르다. 여운형은 좌익 중심의 국가를 건설하려고 했고, 여기에 약간의 우익인사를 포함시켜서 좌우합작으로 보이도록 했던 것이다. 이런 점에서 여운형의 건국동맹과 건국준비위원회를 좌우합작의 민족통일운동으로 보는 것은 잘못이라고 말할 수 있다.

2장

총독부, 소련 진주설,
그리고 출옥 공산주의자

그러면 어떻게 좌익 주도 단체인 건국준비위원회가 해방 후 정국을
주도할 수 있었을까? 여기에는 세 가지 이유가 있다. 첫째는 일본으
로부터 정권을 인수받았다는 것이요, 둘째는 당시 소련군 진주설이
나돌아서 사람들이 공산주의 진영으로 이동했기 때문이며, 셋째는
해방 직후 감옥에서 나온 좌익인사들이 대거 건준에 가담했기 때문
이다. 이 세 가지 요소를 차례로 살펴보자.

먼저, 여운형은 총독부로부터 정권을 이양받았다. 여운형은 1945
년 8월 15일 아침에[39] 조선총독부의 정무총감 엔도로부터 면담 요청
을 받았다. 이것은 패전을 앞두고 일본인의 안전과 치안유지를 위
한 협조를 부탁하려는 것이었다. 여운형이 총독부로부터 정권을 이

양받았다는 것은 그가 정국의 주도권을 쥘 수 있는 계기를 마련하는 것이다. 이제 그는 치안권과 식량배급권을 가질 수 있는 것이다. 해방 직후 혼란한 상황에서 치안과 식량배급의 권한을 갖는다는 것은 엄청난 권한을 갖는다는 것을 의미한다. 아울러서 여운형은 총독부로부터 언론사를 장악할 수 있는 권한을 받았다. 그래서 그는 『매일신보』를 접수했으며, 동시에 경성방송국을 통하여 건준을 전국에 알릴 수 있었다.

8월 15일 아침, 여운형은 엔도에게 다섯 가지를 요구하였다. 아마도 이 5가지 조항은 여운형이 오랫동안 자신의 측근들과 상의하는 가운데 만들어진 것으로, 그의 향후 건국활동을 위한 포석이 담겨 있다고 말할 수 있다. 다음은 여운형이 엔도 총감에게 요구한 내용이다:[40]

1) 전 조선 각지에 구속되어 있는 정치 경제범을 즉시 해산하라.
2) 집단생활인 만치 식량이 제1문제이니 8, 9, 10 3개월 식량을 확보·명도하여 달라.
3) 치안유지와 건설사업에 있어서 아무 구속과 간섭을 하지 말라.
4) 조선 내의 민족해방의 모든 추진력이 되는 학생훈련과 청년조직에 대하여 간섭하지 말라.

5) 전 조선 각 사업장에 있는 노무자를 우리의 건설사업에 협력시키
    며, 아무 괴로움을 주지 말라.

　물론 엔도 총감은 여운형의 주장을 받아들였다. 여기에 보면 여운
형은 해방 직후 자신의 혁명을 위한 모든 조건을 잘 나열하고 있다.
　첫째 항목의 정치·경제범 석방은 일제 말 많은 공산주의자들이 투
옥되었고, 이들이 해방 이후에 좌파적인 혁명사업에 절대적으로 필
요하다는 것을 염두에 둔 것이다.
　둘째 항목은 일제 말 전시체제에서 배급제였던 식량사정을 생각
하면 당연히 확보해야 할 사항이었다. 먹을 것을 제공해 주지 않고
서는 치안을 유지할 수 없고, 또한 새나라 건설도 가능하지 않는 것
이다.
　셋째 항목의 치안유지는 일본이 여운형에게 강력하게 요청하는
것이고, 건설사업은 여운형이 가장 중요하게 생각하는 국가건설 사
업이었다. 새로운 국가건설에 일본이 간섭하지 못하도록 하는 것이
다. 3항을 『조선 해방 일년사』에서는 "건국운동을 위한 모든 정치운
동에 대하여 절대로 간섭하지 못할 것"이라고 바꾸어서 설명하고 있
다.[41] 여운형의 이런 요구는 일본이 새로 출현하는 국가의 형태나 성
격에 대해서 간섭하지 못하도록 쐐기를 박는 것이라고 생각된다.

넷째 항목은 새로운 국가를 건설하는데 가장 앞장서야 할 학생조직과 청년조직에 간섭하지 말라는 것이다. 여운형은 오랫동안 젊은 층의 인기를 받아왔고, 이들이야말로 새로운 나라를 건설하는 데 가장 중요한 자원이라고 생각했다. 이들의 활동을 보장받는 것은 매우 중요하다.

다섯째 항목도 『조선 해방 일년사』에서는 "노동자와 농민을 우리 건국사업에 동원 조직하는 데 간섭 못할 것"이라고 바꾸고 있다.[42] 이것을 통해 여운형이 누구를 중심으로 건국사업을 해 나가려고 생각하는가 하는 것이 잘 드러난다. 오랫동안 여운형과 공산주의자들은 새로 세워지는 나라는 노동자와 농민이 주도하는 인민정권이 되어야 한다는 데 의견의 일치를 보고 있는 것이다. 여기서 4항에 언급하고 있는 학생과 청년을 포함시키는 것이 여운형과 공산주의자들이 생각하는 인민전선인 것이다.

둘째로, 소련의 서울 진주설은 공산권에게 결정적으로 유리하게 작용하였다. 1945년 8월 15일에는 해방의 소식과 함께 새로운 소식이 전해지고 있었다. 그것은 한강 이북에 소련이 진주한다는 것이다. 여운형은 엔도로부터 일본이 항복했다는 소식 못지않게 중요한 소식을 들었다. 그것은 "조선이 분단되어 미·소 양군이 나누어 점령할 것이며, 한강이 경계가 되어 경성은 소련군의 점령지역으로 될 것이다."라는 것이다.[43] 일본 측 자료인『조선종전의 기록』에는 엔도 총감은 "늦어도 17일 오후 2시까지는 소련군이 서울로 입성할 것 같소."라고 말했다고 한다.[44] 이것은 지하에서 투쟁해 온 좌익 계열에는 엄청난 소식이었다. 이런 소문은 곧 전 서울로 퍼졌고, 지방으로도 번져 나갔다. 다음날에는 소련군이 남대문에 도착했다는 소문도 돌았다. 이런 소문이 해방 직후 좌익 계열이 힘을 얻는 데 큰 기여를 한 것은 사실이다. 원래 소련 코민테른의 지도에 따라서 인민정권을 수립하려고 했던 이들에게 소련군이 서울로 진입한다는 것은 이제 모든 것이 결정되었다는 것과 같은 것이었다.

많은 학자들이 여운형이 해방 후 공산주의로 넘어간 것은 소련 진주설 때문이라고 주장한다.[45] 물론 이것은 맞는 말이다. 하지만 좌익은 오래전부터 친소적인 경향을 갖고 있었으며, 이것이 소련 진주설로 인해서 더욱 힘을 받은 것이라고 생각한다. 공산주의자들의 궁극적인 목적은 노동자의 세계이며, 이것이 소련을 중심으로 발전하는 것이다. 따라서 공산주의자들은 소련을 프롤레타리아의 조국이라고 생각했고, 이것은 1930년대 공산주의자들에게서 일반적으로 나타나는 현상이다. 진보적 역사학자 서중석도 이들이 "소련을 전 세계 프롤레타리아트의 조국일 뿐만이 아니라 전 세계 피압박민족의 조국으로 묘사하고, 소비에트 정권수립을 제시하고 노동자 계급의 영도를 주장하면서 민족 부르주아지의 민족 혁명적 성격을 부인하고 있다.”고 주장한다.[46] 우리는 실제로 공산주의와 소련을 나누어 생각할 수 없다.

소련 진주설은 여운형과 그의 동료들에게 커다란 힘을 주었다. 여운형은 오래전부터 반자본주의적인 경향을 갖고 있고, 친소적인 세계관을 갖고 있었다. 그는 민족적 해방만이 아니라 계급적 해방도 중요하다고 생각했다. 8월 15일 오전 10시경 여운형은 엔도 총감을 만나고 오면서 창덕궁 경찰서 앞에서 민족주의자인 송진우 계열의 김준연을 만나서 “공산혁명으로 일로 매진하겠오.”라고 말했다.[47] 민족해방이 이루어진 날 계급해방도 하겠다고 선언한 것이다. 같은 날 오후 3시에 공산주의자이며, 여운형과 함께 건국준비위원회를 만든 정백은 과거 조선공산당의 중요 간부로 활동했던 김준연에게 “소련군이 곧 경성에 들어오고, 우리가 곧 내각을 조직하는데 당신이 후회하지 않겠소?”라고 전화를 했다.[48] 김준연에게 한 여운형과 정백의 이 말은 뒤에 나타날 건국준비위원회의 성격을 말해 주는 것이다.

해방 후 소련 진주설은 여운형과 그 주변의 사람들이 스스로의 판단을 옳다고 믿도록 만들어 주었지만 새로운 것은 아니었다. 건국동맹을 주도했던 인물들은 해방 이전부터 친소적인 역사이해를 갖고 있었으며, 이들이 건설하고자 하는 국가는 인민이 중심이 되는 인민공화국이었다.

셋째, 해방 후 건준이 큰 힘을 가진 것은 바로 감옥에서 나온 사람들이 건준에 가담했기 때문이다. 여운형이 엔도에게 정치범 석방을 요구하였을 때 그는 연합군이 올 때까지 기다려야 한다고 주장했다. 하지만 여운형의 강력한 요구로 결국 약속을 받아낸 것이다.[49] 실제로 해방 후 한국사회가 좌파로 넘어가는 가장 중요한 이유 가운데 하나는 바로 감옥에 있던 정치범들이 나와서 한국사회를 이런 방향으로 이끌어 갔기 때문이다.

해방 당일 여운형은 서울에서부터 정치범 석방을 시작하였다. 8월 16일 오전 9시 서대문형무소에서는 공산주의자 핵심인물인 이강국과 최용달의 입회 아래 정치범 석방이 이루어졌다.[50] 이것은 여운형과 공산주의자들이 정치범 석방을 해방 직후 해야 할 최우선의 사업으로 생각하고 있었다는 것을 의미한다. 『조선 해방 일년사』에서는 이것을 정확하게 지적하고 있다. "경성을 비롯하여 각지의 옥문이 열리고, 유치장과 감옥에서 신음하던 혁명투사는 경성으로 운집하였다. 각 도 각 군에 잠복하였던 무산운동의 투사들은 인민대중을 일으키고 조직하여 적의 일절기관을 점령하였다. (중략) 무장봉기로서 각자 지방의 자위와 자주를 확보하게 되었다."[51]

해방 후 정국에서 정치범 석방이 미친 영향에 대해서는 미군 당국도 같은 견해를 갖고 있다. 미군정 당국의 보고서는 "감옥에서 나온 정치범들은 대거 건준과 공산당에 의해 포섭되었고, 이들은 해방정국에서 행동대가 되었다."고 밝히고 있다. [52] 김병로는 해방되던 날 밤, 벌써 서대문형무소에서 석방된 사람들이 여운형 집 부근을 지키고 있었다고 증언하고 있다. [53] 해방 직후 미국 문정관을 지낸 헨더슨은 "8월 16일, 투옥되었던 약 1만여 명의 복역자들이 남한 각지의 교도소에서 석방되면서 최초로 좌익 색채가 농후해지고, 큰 변화가 오기 시작했다."고 지적한다. [54] 이렇게 해서 해방 직후 한국사회는 순식간에 좌익으로 기울어지게 되었다.

2부

■

여운형과
박헌형의
건국구상

1장

여운형의 건국구상

그러면 좀 더 구체적으로 알아보자. 여운형과 그의 동료들이 생각했던 건국은 무엇일까? 해방 직후 여운형이 건국운동의 중심에 있었다면 우리는 먼저 그의 건국구상을 살펴보아야 할 것이다. 여운형은 해방 직전 여러 가지 방법으로 건국에 대한 자신의 견해를 표명하였다. 여운형의 최측근인 이만규는 『여운형선생 투쟁사』에서 과도정권을 수립할 계획과 연합군에게 교섭할 조건을 설명하고 있다.[55] 우리가 이것을 정리하면 다음과 같이 말할 수 있다.

첫째, 건국은 일제하에서, 특히 국내에서 활동한 혁명 그룹이 주도해야 한다는 것이다. 여운형은 건국을 하려면 우선 과도정부가 수립되어야 하고, 이것을 위해서는 혁명세력이 주체가 되어야 한다고 생각했다. "혁명단체나 혁명투쟁의 공로자들이 상의하여 과도정권을 세우는 것이 어느 나라, 어느 시대에서도 볼 수 있는 역사적 실례"라고 생각했다. 그리고 해방 직전 유일한 혁명단체는 건국동맹이므로 건국동맹이 주체가 되어서 다른 혁명동지들을 모아서 과도정부를 만들어야 한다고 생각한 것이다. "그러므로 몽양은 건국동맹이 발기자가 되어 동맹 강령에 있는 대로 각층 각파를 망라한 임시정부를 수립하려고 했다."[56] 여기에서 건국동맹이 중심이 된다는 것은 결국 좌익이 중심이 되어서 국가를 세운다는 것이다. 왜냐하면 건국동맹은 경성 콤그룹 계열의 급진 공산주의와 여운형 중심의 온건사회주의의 통일전선이며, 이들이 세우고자 하는 국가는 인민정권이기 때문이다.

둘째, 여운형은 건국동맹을 중심으로 기타 세력들을 포함하고자 하였다. 원래 공산주의의 인민전선은 노동자 및 농민과 지식인, 그리고 민족자본가를 포함하는 것이다. 여기에서 제외해야 할 세력이 바로 민족 반역자이다. 따라서 여운형은 민족주의자들 가운데서 일제와 타협하지 않은 세력들을 포함하고자 한 것이다. 그 대상이 안재홍, 조만식, 송진우 등이다. 하지만 이들은 모두 좌익이 중심이 되는 인민전선에는 가입하기를 원하지 않았다. 또한 여운형은 건국동맹이 중심이 되어서 "해외의 혁명동지들을 받아들여서 혼연일체 과도정부를 만들어야 한다."고 주장하였다. 여기에서 여운형이 독립운동 단체라고 말하지 않고 혁명동지라고 말한 것은 그가 주로 독립동맹을 비롯한 좌익 계열을 해외동지라고 생각했다는 것을 말한다.[57] 여운형은 3·1운동 이후 한국의 독립을 위해서 가장 오랫동안 투쟁한 임시정부를 언급하지 않고 있다. 실제로 여운형의 건국동맹은 김두봉의 독립동맹과는 맹약을 맺었지만 중경의 임시정부와는 관계를 맺지 않았다.

셋째, 여운형은 혁명세력으로 과도정부를 세운 다음 인민대표자[58] 대회를 통해 이것을 인준받으려 했다. 여운형은 위급한 상황에서는 혁명적인 방법으로 정권을 수립할 수밖에 없으며, 추후 인민대표자대회에서 추인받아 정당성을 확보할 수 있다고 생각했다. 건국동맹은 건준이 만들어지기 전부터 이미 인민대표자대회에 대한 분명한 계획을 가지고 있었던 것 같다. 왜냐하면 8월 4일 초기 건맹 간부들이 잡혀갔다가 해방 후 돌아와 곧바로 인민대표자대회를 소집하는 삐라를 살포하였기 때문이다. 변화된 상황을 이해하지 못하고 원래의 계획대로 진행한 것이다.

그러나 재건 건맹에서는 이만규를 책임자로 해서 인민대표자대회를 위한 준비를 하였다.[59] 여운형은 건준을 만든 다음의 담화에서 "인민의 대표를 모아서 인민대표자대회를 구성해서 인민위원을 선

출한 다음에 이들을 통해서 인민정권을 만든다."고 선언하고 있다.[60]

넷째, 여운형은 일제가 패망한 후에는 조선 내 각 공장시설이 조선인의 재산이 되어야 한다고 생각했다. 여운형은 "조선 내 각 공장시설은 일본인의 것이라 하여 적산으로 돌려서는 안 된다. 조선인 노동자의 피땀으로 세웠고, 직간접으로 조선인의 부담으로 성립된 것이므로 당연히 조선인의 재산이라는 것을 인식시키겠다."고 하였다.[61] 이것은 여운형이 추구하는 세상이 무엇인가를 잘 말해 주는 것이다. 그는 노동자가 주인이 되는 세상을 만들기를 원했고, 그 구체적인 표현은 조선의 노동자들이 해방 후 각 공장의 주인이 되게 하는 것이었다. 이것은 노동자들을 기반으로 한 인민정권을 세우는 데 필수적인 것이다. 해방 후 좌익의 가장 설득력 있는 표어는 바로 '토지는 농민에게, 공장은 노동자에게'라는 것이었다.

다섯째, 여운형은 해방 이후 새로운 건국에 한국인이 주체가 되어야 한다고 주장하였다. 여운형은 "비록 연합군이 한반도에 해방을 가져왔지만 한국인들이 가만 있은 것은 아니다. 한일병합 후 한국인들은 꾸준히 조선의 독립을 위해 노력해 왔고, 국내외에서 일본과 투쟁한 경험을 갖고 있다."면서 "조선인들이 스스로 피 흘린 공이 크다는 것을 저들에게 인식시켜 우리의 권리를 주장하겠다."고 말했다.[62] 이런 생각을 가진 여운형은 연합군에게 조선 정권수립에 있어

내정간섭을 하지 말 것을 요구할 것이라고 말했다. 우리가 위에서 살펴본 대로 여운형이 그의 동료들과 함께 인민정권을 세우려고 했다면 이것은 연합군이 인민정권을 세우는 데 간섭하지 말라는 이야기이다.

이런 여운형과 그의 동료들에게 자유민주주의를 세우려는 미국 중심의 연합군은 과히 달가운 존재가 아니다.[63] 여운형이 자주를 강조한다고 해서 그가 모든 외세를 반대하는 것은 아니다. 그는 인민정권을 세우기를 원하는 사람이고, 인민정권을 세우기 위해서는 오히려 소련이 도움이 되는 것이다. 적어도 해방 직후 상당한 기간 동안 여운형은 친소적인 인물이었다. 1946년 3월 15일자 「단평 - 조선임시정부 각료후보자들에 대하여」라는 소련 측 문서에 의하면 여운형은 수상후보로 지명되어 있으며, "소련에 충성스러운 태도를 취한다."고 되어 있다. 여운형이 말하는 자주는 미국에 대한 것이지 소련에 대한 것이 아님을 알 수 있다.[64]

이 같은 여운형의 건국구상은 과거 그가 건국동맹 시절에 가졌던 건국구상의 연장선에 있다. 여운형은 노동자와 농민이 주도하는 인민위원회를 중심으로 하는 인민정권을 만들고자 하였다. 이것을 위하여 일제 말의 지하혁명세력이 주체가 되어 다른 혁명단체들과 통일전선을 형성하고, 이것을 인민대표자대회를 통하여 인준하고, 적산을 노동자와 농민에게 분배하여 지지기반을 확보하며, 끝으로 미국을 대표로 하는 연합국의 간섭을 배제해야 한다는 것이다. 여운형이 계획한 나라는 오늘 우리가 살고 있는 대한민국과는 너무나 다른 것이다.

2장

박헌영과 여운형의
건국관 비교

해방 직후 여운형은 소위 급진 공산주의자들과 함께 건국을 준비했다. 이 급진 공산주의자들이 어떤 건국을 생각했는지 알기 위해서는 박헌영의 건국관을 살펴보는 것이 중요하다. 왜냐하면 이들 공산주의자들은 박헌영의 경성 콤그룹 계열이며, 해방 이후에도 박헌영의 절대적인 영향력 아래 있었기 때문이다. 따라서 박헌영의 건국구상과 이것과 관련된 여운형의 생각을 살펴보자.

여운형은 오랫동안 박헌영과 깊은 관계를 가져왔다. 상해 시절부터 여운형은 박헌영과 교류했으며, 함께 공산주의 활동을 하였다. 박헌영은 소련에서 공산주의를 공부한 소련 공산당원으로서, 코민테른의 직접적인 지시를 받아 조선에 공산당을 재건시키려고 투신

한 사람이다. 여운형은 경성 콤그룹이 일제의 탄압으로 해체된 다음에 이 그룹의 멤버들과 함께 건국동맹을 만들었다. 비록 이들이 정식으로 건국동맹에 가담한 것은 아니지만 이들이 건국동맹에 미친 영향은 매우 크다. 소위 성대 3총사라고 불리는 공산주의자들은 건준 초기부터 건준의 기획처에서 활동했다. 최용달은 1차부터, 이강국과 박문규는 2차부터 건준의 간부로서 활동했다. 많은 학자들은 건준이 초기에는 민족주의적이었는데, 후기에 좌경화되었다고 주장한다. 이것은 사실과 다르다. 건준은 처음부터 여운형과 공산주의자들, 특히 경성 콤그룹 멤버들 사이의 연합전선이었던 것이다.

경성 콤그룹이 1941년 해체될 때 박헌영은 체포되지 않고 피신하여 지하에 잠복하였다. 수많은 공산주의자들 가운데 그의 투쟁에 필적할 만한 사람은 없었다. 하지만 그가 단지 잠복해 있었던 것은 아니었다. 그는 지하에서도 끊임없이 자신의 조직을 관리해 왔다. 해방 전후에 서울에서 소련 부 총영사로 재직했던 샤브시나의 부인이며, 역사학자인 꿀리꼬바에 의하면 박헌영이 주로 한 일은 "주로 제2차 세계대전과 태평양전쟁, 일본의 패망, 조선에서의 사업에 관한 것"이었다. 다시 말하면 일본이 망한 후 새로운 국가를 건설해야 한다는 것이다.[65] 박헌영은 해방 이전부터 동료들과 건국을 준비해 왔던 것이다.

하지만 박헌영이 해방 이후에 서울에 나타난 것은 8월 18일이다. 해방 직전 전남 광주에서 벽돌공장 노동자로 위장한 박헌영은 해방의 소식을 듣고, 전주에 들러 감옥에서 석방된 같은 경성 콤그룹의 김삼룡을 데리고 서울에 도착하였다. 당시 서울에서는 그의 추종자들이 그를 찾고 있었다. 뛰어난 조직력을 갖고, 불굴의 투지로 지하투쟁을 한 그는 공산주의자들에게는 일종의 신화적인 존재였다. 그가 서울에 나타나자 그의 추종자들은 그를 중심으로 모이기 시작하였다. 박헌영은 1945년 8월 20일 조선공산당 재건위원회를 소집하였다. 이것을 재건파라고 부른다, 여기에서 그는 소위 '8월 테제'라고 불리는 '현 정세와 우리의 임무'를 발표했다. 조선공산당이 나가야 할 방향을 제시한 것이다.

여기에서 박헌영은 유명한 '청류론·탁류론'을 주장했다. 조선 공산주의자들은 대부분 1937년 중일전쟁 이후 일제와 타협했고, 공산주의 활동을 중지했다. 이것이 바로 탁류이다. 하지만 이런 더러운 탁류 가운데 맑은 청류가 있는데 그것은 일제 말 굴하지 않고 끝까지 지조를 지키고 지하활동을 한 사람들이다. "이러한 탁류가 황폭히 흐르는 금일에 있어 한 가지 맑은 물결이 새암(우물) 같이 쏟아져 나오고 있다."[66] 그런데 해방이 되었을 때 이런 청류가 있다는 것을 알고도 탁류가 모여서 공산당을 만든 것은 용서할 수 없다는 것이다.

이것은 분명히 위에서 설명한 장안파 공산당을 비판하는 내용이다. 이 투쟁에서 박헌영은 승리했다. 장안파는 자신들을 해체하고 재건파에 합류하였다. 하지만 얼마 가지 않아서 갈등은 재현되었고, 장안파의 일부는 독자적으로 활동했다. 이런 과정 가운데서 건국준비위원회에 있던 정백과 같은 장안파 인사들은 건준에서 퇴출되었다.

우리는 여기에서 여운형과 비교한 박헌영의 정세인식과 건국구상을 정리해 보고자 한다.

첫 번째, 박헌영은 근본적으로 여운형과 같이 '민족통일전선의 결성으로 수립된 인민정권'을 세우려고 했다. 여운형은 오래전부터 경성 콤그룹과 함께 인민전선, 인민위원회를 구상해 왔으며, 이것은 대부분의 좌익에게 있어 공통된 점이다. 이들은 현 단계가 프롤레타리아 독재를 할 수 있는 단계가 아니므로 노동자, 농민과 아울러 소시민, 소자본가를 포함하는 인민전선을 경성해야 하고, 이런 민족통일전선을 기초로 인민정권을 확립해야 한다고 생각했다. 박헌영은 여운형과 같이 인민정권을 세우기 위해서 인민대표회의를 열어야 한다고 보았다. 다시 말하면 인민대표회의를 통해서 인민위원회를 만들어야 인민정권이 탄생한다고 본 것이다. 이런 점에서 이 두 사람은 근본적으로 같은 건국관을 가졌다고 본다.[67]

이 두 사람의 공통점은 박헌영이 당시 가장 중요한 과제가 '진보적 민주주의의 건설'이라고 생각했다는 점에도 나타난다.[68] 진보적 민주주의란 여운형의 가장 핵심적인 사상으로 건준의 선언문에 나오는 단어이다. 진보적 민주주의는 과거 부르주아 시민계급이 주도하는 보수적 민주주의에 대항하는 개념으로 노동자와 농민이 주도하는 새로운 민주주의를 말한다. 인민민주주의와 같은 용어로 사용된다.

두 번째, 박헌영은 여운형과 같이 분명하게 친소적인 입장을 갖고 있다. 여운형도 상당히 친소적인 인물이다. 여운형은 소련의 입장을 이해하고, 자본주의 제국과 싸우기 위해서는 소련과 연대해야 한다고 생각했다. 그러나 동시에 그는 강한 민족주의적인 성향을 갖고 있다. 하지만 박헌영은 해방이 연합국과 소련의 도움으로 이루어졌다는 점을 여운형보다 더 강조했다. 특히 이번 승리는 "국제 프롤레타리아의 조국인 쎄쎄쎄르가 (중략) 사회주의 건설에 성공하고, 전략적으로 절대불패의 지위를 확보할 만한 승리"를 거둔 결과라는 것이다. 이런 소련의 위상의 변화는 세계 역사를 바꾸어 놓고 있다는 것이었다. 박헌영은 이런 국제정세 속에서 "진보적 민주주의와 사회주의"는 승리할 수밖에 없다고 보았다.[69]

세 번째, 박헌영은 민족 통일전선을 형성하는 데 있어서 여운형과 구체적인 부분에 있어서는 다른 입장을 갖고 있었다. 물론 둘 다 조

선의 상황에서는 노동자와 농민의 힘만으로 계급투쟁을 통해 공산
주의 사회를 만들 수 없다는 것을 잘 인식하고 있다. 그리하여 반동
적인 사람만 아니라면 다 포함하여 민족통일전선을 만들어야 한다
고 생각한 것이다. 하지만 구체적인 부분에 있어 이 두 사람은 입장
을 달리하고 있다. 예를 들면 여운형은 송진우와 같은 사람을 포함
시키고자 했지만 박헌영은 송진우를 반동세력으로 보고 있다. "반동
적 부르주아 송진우와 김성수를 중심으로 한 한국민주당은 지주와
자본계급의 이익을 대표한 반동적 정당이다."[70] 결국 여운형은 박헌
영 계열의 반대로 송진우를 건국준비위원회에 참여시키지 못했다.
이런 점에서 (뒤에서 자세하기 살펴보겠지만) 박헌영의 통일전선은 여운
형에 비해서 상당히 폐쇄적이다.

　네 번째, 이 두 사람 다 같이 프롤레타리아 헤게모니 선취론을 갖
고 있었지만 이 점에 있어서 박헌영의 입장이 더욱 강했던 것 같다.
민족통일전선을 형성하는 데 있어서 가장 중요한 것은 먼저 프롤레
타리아 헤게모니를 확보하는 것이다. 그렇기 않을 경우 민족통일전
선은 우익에게 주도권을 넘겨줄 가능성이 있다. 다시 말해 민족통일
전선은 좌익의 헤게모니가 확보되는 범주 내에서 가능한 것이다. 박
헌영은 "조선의 노농계급은 자기의 혁명적 전위요, 그 정당인 공산
당을 가져야 하며, 이 당의 옳은 지도 밑에서 대중을 동원하며 전취

하여야 하나니 여기에서 프롤레타리아 영도권 확립이란 문제가 서게 된다. (중략) 문제의 중점은 여기에 있다."[71]고 말했다. 뒤에서 보겠지만 안재홍이 건국준비위원회를 우익 중심의 좌우합작으로 만들려고 시도하였을 때, 특히 박헌영을 추종하는 세력들은 자신들의 헤게모니가 위협받는 것으로 이해했고, 결국 결사적으로 이런 통일전선을 파괴하고 말았다.

이상에서 살펴본 것처럼 여운형과 박헌영은 거의 같은 방향과 이념을 갖고 있다. 하지만 구체적인 실천에 있어서 박헌영이 더 과격하다면 여운형은 온건하다고 말할 수 있다. 건국준비위원회는 진행과정에 있어서 성대 3총사로 대표되는 재건파에 의해서 주도되었고, 이들의 주장이 관철되었다. 이것은 건준이 처음부터 이들과 함께 시작되었고 이들에 의해서 이끌려 왔기 때문이다. 박헌영의 강경노선이 여운형의 온건노선을 이겼다고 말할 수 있다.

해방공간에서 여운형과 박헌영의 관계는 매우 중요하다. 공산주의자로서, 건국동맹의 맹원으로서 해방 직후 이 두 사람과 함께 일한 경험이 있는 김오성은 "여운형은 현실을 중요하게 생각하는 정치가이며, 박헌영은 원칙을 중시하는 투사라"고 규정하며, "이 두 사람이 해방 이후 한국사회를 이끌어 가는 두 지도자"라고 말했다.[72]

다행히 우리의 2대 지도자는 정치가적 투사요, 또 투사적 정치가이다. 그들은 원칙 있는 현실을 주장하며, 현실에 맞는 원칙을 주장하고 있다. 그러므로 우리의 2대 지도자 중 한 분은 현실 면을 담당하고, 한 분은 원칙 면을 담당했으면 그야말로 이상적이다. 따라서 여운형 씨는 비조직적 대중, 즉 광범위한 인민대중을 상대로 한 정치적 지도에 치중하고, 박헌영 씨는 조직대중을 통한 전위부대의 지도에 치중하는 것이 다시없는 이상일 것이다. 아니, 지금 그러한 것이다. 여운형 씨가 인민대중의 정치적 지도자라면 박헌영 씨는 전위부대, 즉 지도부대의 지도자이다. 박 씨는 무서운 실천력을 갖춘 지도자이다. 조직적 실천을 통해 나타나는 박헌영 씨의 인간적 역량에 우리는 언제나 경이를 느끼는 것이다.

해방 당시 여운형 측과 박헌영 측은 상황을 서로 다르게 설명한다. 여운형 측은 경성 콤그룹이 해체당한 다음 지하투쟁이 사라졌기 때문에 많은 공산주의자들이 여운형의 슬하에 모였다고 말했다. "그리하여 지하운동에 뜻있는 사람들은 다 몽양을 중심으로 하여 그 슬하에 줄을 매어 두었던 것이다."[73] 하지만 박헌영 측의 자료는 여운형과 공산주의자들은 일종의 인민전선을 형성하고 있으며, 궁극적으로는 "공산주의 단체의 지도 밑에서 계속 형성된 건국준비위원회, 인민위원회가 즉 그것이었다."[74]고 지적한다. 여운형의 대중적인 사회주의와 박헌영의 조직적인 공산주의가 만났을 때 누가 조직을 이끌어 갈 수 있을 것인가는 자명한 것이다. 공산주의자들은 아직 대중적인 인지도가 부족한 상황에서 여운형이 필요했고, 여운형은 공산주의자들의 조직적인 후원이 필요했다. 그러니 해방 직후에는 여운형이 박헌영을 활용하기보다는 박헌영이 여운형을 활용했다고 말해야 할 것이다.[75]

이런 점에서 건맹과 건준에 참여해서 활동했던 이동화의 주장을 주의 깊게 살펴보아야 한다:[76]

해방 전 몽양이 극좌적인 그룹들과 손을 잡고 항일투쟁을 했다는 것도 있거니와 해방 직후에 우리들은 역시 코뮤니스트(Communist)들하고 손을 잡아야 새로운 조국을 건설할 수 있을 것이다. (중략) 또 진보적인 방향에서 새로운 국가를 건설하려면 역시 코뮤니스트하고 손을 잡는 것이 필요하지 않겠는가. 이런 생각도 막연하게 하고 있었다.

해방정국에서 여운형과 박헌영은 서로 달랐다. 여운형은 사회주의자로서 온건좌파라면 박헌영은 공산주의자로서 급진좌파라고 말할 수 있다. 하지만 우리는 이 두 사람의 차이를 너무 크게 생각하지 말아야 한다. 왜냐하면 해방 직후 건준과 인민공화국을 만드는 과정에서 여운형은 거의가 다 박헌영과 같은 노선을 가고 있었기 때문이다. 이동화의 말처럼 여운형은 공산주의자와 함께 건국을 구상했고, 인민공화국을 세웠다.

3부

■

해방 직후
민족주의 진영의
건국구상

1장

안재홍과
건국준비위원회의 갈등

건국준비위원회는 여운형의 건국동맹을 중심으로 온건한 민족주의자 안재홍이 참여하여 시작되었다. 그러면 민족주의자 안재홍은 건국준비위원회에서 어떤 역할을 하였는가? 과연 민족주의자인 그는 어떤 생각으로 여운형과 손을 잡았는가? 과연 안재홍은 건준에서 자신의 생각을 펼칠 수 있었는가? 과연 이 두 사람의 협동은 좌우합작이라고 할 수 있는가?

해방 직후 여운형은 총독부로부터 정권을 인수받았고, 안재홍이 여기에 협력하였다. 여운형이 총독부로부터 정권을 인수한 것은 총독부와 협력하여 유혈사태를 방지하고 치안을 유지하기 위한 것이었다. 일부 민족주의자들은 이 같은 여운형의 행동을 친일적인 것이라고 비판하였다. 안재홍은 이 같은 총독부와의 협력은 전혀 문제가 될 수 없다고 주장한다. 그는 여운형이 총독부로부터 정권을 받아 친일정부를 세우려고 했다는 주장에 대해서는 낭설이라고 못박았다. "여운형 씨는 정적에 의해서 많은 비난을 받고 친일정권 건설을 획책하려고 했다고 지목되나 그는 확실히 낭설이다."[77] 안재홍이 지켜본 바에 의하면 여운형은 친일정권을 만들 사람은 아니라는 것이다.

그러나 안재홍은 여운형이 해방 직후 한편으로는 민족주의자들과 관계를 맺으면서도 "좌방의 계획에 끌리고, 그에 가담"하였다고 말하고 있다. 안재홍은 해방정국의 공산진영의 의도를 다음과 같이 서술하고 있다.[78]

그러나 공산 계열의 사람들은 일제 붕괴를 눈앞에 보자 곧 자기들끼리 합동하여 조선에 즉시 노농정권을 수립하여 공산당 지배 아래 재건 조국을 요리하기로 하였다. 8월 16일 오후이면 벌써 소련의 군대가 경성 역에 도착하여 공산 진영에 절대적 지지를 줄 것이요, 부산, 목포까지도 소군을 진주할 것을 경신(輕信)하여 그런 객관 조건 밑에 무산자 계급의 노농정권을 수립할 것을 벼르고 있었다.

안재홍이 본 해방정국은 공산주의자들의 분명한 건국구상, 즉 노농정권(인민정권)의 수립과 여기에 동조하는 여운형이다. 여운형은 근본적으로 공산주의자들과 공동전선을 맺고 있었다. "건준이 성립된 후, 몽양은 좌방적인 공작 또는 건국동맹의 주력으로 자기의 정치공작에 여념이 없는 편이었다." 안재홍은 여러 차례 여운형과 생각을 같이할 수 없다고 느꼈지만 혹시나 하고 기대를 가졌다. 그러나 결국 여운형과 공산주의자들의 결속이 너무나 강해서 이것을 바꿀 수는 없었다. 그래서 그는 결국 건준을 탈퇴하였고, 안재홍이 건준을 탈퇴하자 여운형과 공산주의자들이 즉각 자신들이 원래 계획했던 노농정권, 곧 인민공화국을 세웠다는 것이다.[79]

해방정국에서 여운형은 안재홍과 협동하기를 원했다. 안재홍의 등장은 건국준비위원회를 좌우합작의 건국운동이라고 포장하였다. 그러나 사실 건국준비위원회는 공산주의자와 사회주의자의 통일전선이었고, 여기에 안재홍이 가담한 것이다. 사실 안재홍은 건국준비위원회가 만들어질 때까지 건국동맹의 존재를 몰랐다. 하지만 해방 후 건준에 들어가서 비로소 건맹의 실체를 알게 되었고, 자기로서는 감당하기 어려운 상황에 부딪히게 되었다. 안재홍은 "8·15 당일부터 철야하는 거의 38시간을 통해 좌측 제씨가 나의 의도와는 딴판으로 각각 독자적인 의도에서 잠행 공작을 하는 것을 똑똑히 본 까닭에

16일 새벽이면 급류용퇴할 것을 결의하였는데", 여운형과 정백 그리고 여러 좌익인사들이 "금후 절대 협동할 것이니 실망하지 말아 달라."면서 "협동을 역설하므로 사의를 뒤집어 최후의 순간까지 아의(我意)를 고집하고" 자신의 뜻을 주장하기로 하였다.[80] 이 같은 고민은 그가 건준을 탈퇴할 때까지 지속되었다.

공산주의의 입장에서 건국준비위원회에 안재홍이 가담한 것은 엄청난 승리였다. 왜냐하면 여운형에 대해서 이념적으로 의심스럽게 보는 많은 사람들이 안재홍을 보고 어느 정도 마음을 놓을 수 있기 때문이다. 원래 공산주의자들이 민족통일전선을 형성하려고 했던 것은 자기들로서는 정권을 창출하기 어렵기 때문에 민족이라는 이름으로 민족주의자들을 포섭하기 위함이었다. 안재홍이 건국준비위원회의 부위원장으로 이름을 드러낸 것은 바로 이 목적에 부합하는 것이며 상당한 성과를 거두었다.

해방 직후 여운형, 최용달, 이강국 등은 정치범 석방에 바빴고, 정백 등은 공산당 재건에 바빴다. 이런 상황에서 건준의 사무실을 지키며 건국준비에 바빴던 사람은 안재홍이었다. 안재홍은 8월 15일 밤, 하루빨리 자주독립정부를 조직할 것과 치안유지를 강조하는 연설을 했다. 그 다음날 오후 3시에는 건국준비위원회 부위원장의 이름으로 서울 중앙방송에서 '해외, 해내의 삼천만 동포에게 고함'이라는 방송연설을 하였다. 건국준비위원회의 사명과 한국인들의 자세에 대한 연설이었다. 그리고 이 연설은 여러 차례 재방송되었다. 하루 전에 일본 천황의 항복방송을 들은 사람들이 안재홍으로부터 건국 소식을 들은 것이다. 아마도 당시 이 방송의 영향력은 대단했을 것이다. 이 안재홍의 방송은 해방정국에서 건국준비위원회를 널리 알리는 역할을 하였을 뿐만 아니라 건준이 좌우합작의 성격을 가진 것으로 인식하게끔 만들었다. 많은 사람들은 건국준비위원회가 여운형과 안재홍이 함께 이끌어 가는 것이라고 생각했다.[81] 이것이 우익 민족주의자들이 건준에 참여하는 데 좋은 명분을 주었다고 본다.

그러면 안재홍은 누구인가? 안재홍은 일제 강점기 『조선일보』를 중심으로 한 언론인이며, 일제 강점기 가장 대표적인 좌우합작 운동인 신간회에서 우익을 대표해서 활동한 사람이다. 그는 분명한 민족주의의 입장에 서 있었지만 동시에 좌익을 포용해야 한다고 생각하였다. 다시 말하면 우익 민족주의를 중심으로 좌익을 포함해야 한다는 입장이었다. 그는 민족주의의 입장에 있으면서 일제와 타협하지 않았고, 수차례 감옥에서 고생하였다. 안재홍은 비타협적인 민족주의자로 알려져 있다. 하지만 안재홍이 여운형, 박헌영, 송진우, 조만식과 같이 특정한 자신들의 당파를 만들지는 않았다.[82]

일제 말 조선총독부는 패망을 예견하고 대책을 세우기 시작했다.

일제는 일본이 패망하면 3·1운동과 같은 혼란이 일어날까 염려했다. 이런 염려를 잠재우기 위해 명망 있는 민족지도자들의 협조를 구하기 시작하였다. 여기에 그 대상이 서울에서는 송진우, 여운형, 안재홍 등이었다.

하지만 송진우는 여기에 응하지 않았고, 여운형과 안재홍은 총독부의 요청에 응했다. 이 두 사람은 함께 총독부 관계자들을 만나기도 했다. 원래 이 두 사람은 이념적으로 같지 않았지만 일제 말 고난을 받았다는 점에서 유사하다. 여운형은 1943년 7월 감옥에서 석방되었고, 안재홍은 1943년 3월 불기소 석방되었다. 전자는 치안법 위반으로, 후자는 조선어학회 사건으로 각각 구속되었다. 따라서 이 두 사람은 다 같이 수난을 받았다는 점에서 공통분모를 갖게 되었다. 이 두 사람은 다 같이 일제가 반드시 망한다는 정세인식을 갖고 있었고, 나름대로의 건국준비를 하고 있었다.[83]

우리는 위에서 여운형의 건국준비를 살펴보았다. 그렇다면 안재홍은 어떤 생각을 하고 있었을까? 안재홍은 일본이 망하면 건국은 민족주의 진영이 주류역량이 되어야 한다고 생각했다. 이것은 안재홍이 신간회를 주도할 때부터 주장했던 것이다. 조선사회를 위하여 민족주의자가 주도하고, 좌익이 여기에 추종하여야 한다는 것이다. 이것은 노동자와 농민이 주도하고, 그 외 다른 세력들이 여기에 참여해야 한다는 인민전선과는 정반대의 입장에 있다. 안재홍은 1944년 7월 이 문제를 가지고 송진우와 상의하였다. 하지만 송진우는 이 제의를 거절하였다. 그는 미국이 세계를 영도하고 있으며, 우리는 중경 임시정부를 기다려야 한다는 주장을 갖고 있었다.

1944년 가을이 되면서 안재홍은 여운형으로부터 지하운동에 참여하자는 제의를 받았다. 하지만 안재홍은 지하조직에 참여하기를 거절하였다. 이런 가운데 여운형과 안재홍은 총독부 경무국장의 초청으로 시국에 대한 대화를 하였다. 이 자리에서 안재홍은 경무국장에게 해방 이후의 정국을 "우리들 소수의 의사만으로 결정할 수 없는 일이므로" 경성에서 민족대회를 소집하여 민족자주의 공작을 할 수 있도록 해 달라고 요청하였다. 이 같은 민족대회의 소집은 1919년 동경의 유학생들이 일본 당국에 조선의 독립을 요청하면서 민족대회를 개최할 수 있도록 해 달라는 민족대회 요청서를 제출한 전례를 따른 것이다. 따라서 안재홍의 민족대회 소집은 민족주의 계열에서 폭넓게 받아들여진 건국계획이었던 것 같다.[84]

여기에 표면적으로는 여운형도 동의하고 있었다. 하지만 여운형이 얼마나 진심으로 동의하고 있었는지는 모른다. 왜냐하면 우리가 위에서 살펴본 것처럼 여운형은 인민대표자대회를 구상하고 있었기 때문이다. 인민대표자대회는 안재홍이 구상하는 민족대회와 다르다. 민족대회는 특정한 계층을 배제하지 않고 모든 계층의 사람들을 다 포함하자는 것이요, 인민대표자대회는 노동자와 농민 등 혁명세력이 주도하는 것을 의미한다. 안재홍은 "우리 소수의 의사만으로 결정할 수 없다."고 생각했지만 여운형은 건국은 혁명세력이 주도해야 한다고 주장했다. 하지만 (다시 살펴보겠지만) 송진우의 경우에는 건국을 위해서 특정계층의 인민세력이 아니라 계급을 초월한 민족세력의 의사를 따라야 한다고 생각했다.

좌익 계열에서는 안재홍이 주장하는 민족대회와 건맹이 주장하는 지하조직을 "표리양면(表裏兩面)"으로 설명하고 있다. 다시 말하면 겉으로는 내선일체를 반대하고 민족자주를 내세우면서 민족주의자들과 민족통일전선을 유지하고, 이면적으로는 계속 건맹을 중심으로 지하조직을 육성해 나가는 것이다. 하지만 겉으로 드러난 민족대회 소집도 일제에 의해서 거부되고 말았다. 일본 당국이 여기에 동의하지 않았다. 오히려 일본은 치안유지법을 들먹이며 협박하였다. 여기에 여운형, 안재홍, 정백, 조동호 등이 참여하고 있었고, 아울러 송진우와도 연결하기로 협의하였다.

하지만 안재홍과 송진우가 주장하는 민족대회는 여운형과 좌파들이 주장하는 인민대표자대회와는 다른 것이다. 여운형 측은 "국내에서 적과 투쟁하는 인민대중의 혁명역량을 중심"으로 해서 독립정부를 세워야 한다고 생각했기 때문이다.[85] 하지만 이런 문제점을 남겨 두고 안재홍은 여운형과 함께 건국준비위원회에 참여하였다.

안재홍이 처음부터 민족대회를 주장하고 나선 것과는 달리 임시 정부에 대해서 어떤 태도를 취했는지 알기는 쉽지 않다. 안재홍은 처음부터 여운형과 공산주의자들이 임시정부를 반대하고 있다는 것 을 잘 알고 있었지만 처음에는 여기에 대해서 반대의 의견을 내지 않았다. 그리하여 민족주의 세력은 안재홍이 1945년 8월 16일의 역 사적인 방송에서 3·1운동과 임시정부에 대해서 언급하지 않은 것을 비난하였다. 그러나 안재홍은 이것은 지나친 "무정지책(無情之責)"이 며, "그때 그 말을 내어 걸 수 없었다."고 말하고 있다.[86]

이것으로 보아 안재홍은 처음부터 임시정부 봉대론을 받아들이고 있었지만 이것을 표면화하지는 않았다는 것을 알 수 있다. 안재홍은 1948년 8월 7일 『신천지』에 자신은 건준에 참여할 때 첫째, 혼란방 지, 둘째, 시설보호, 셋째, 중경 임시정부 봉대를 생각했다고 말하고 있다. "독립정부는 중경 임시정부가 해외에 있는 독립운동의 정통적 인 지도기관인 만치 중경임정을 최대한으로 지지하여 해내외의 혁 명세력으로 적정한 보강확충을 하자는 것이다."[87]

하지만 8월 말경 안재홍은 건준의 주류세력으로부터 견제를 받 고, 자신의 주장을 펼 수 없는 상황에 이른 것을 알고 건준의 탈퇴를 기정사실화했다. 그리고 임시정부 지지를 정강으로 새로 만들어진 국민당의 당수가 되었다. 안재홍은 이때부터 임정을 중심으로 새로운 나라를 만들어야 한다는 주장을 하기 시작한다.[88]

이것을 안 건준 측은 "이것이야말로 안재홍이 건준과 함께할 수 없는 중요한 이유"라고 생각했다. 이만규는 안재홍이 "부위원장으로서 이 위원회의 정책과 반대되는 정책을 가진 당의 당수가 된다는 것은 안(재홍)의 태도를 의심하지 않을 수 없게 만든다."고 하였다.[89] 그만큼 해방 직후에 임시정부를 어떻게 이해할 것인가는 중요한 문제였다.

안재홍은 비록 건국준비위원회에 참여하였지만 그의 전반적인 입장은 우익에 서 있다. 그는 민족주의자들이 중심이 되어 나라를 건설해야 하고, 이를 위해 민족대회를 열어서 건국을 논의해야 하며, 결국 이런 나라를 만들기 위해서는 임시정부가 주축이 되어야 한다고 생각했다.

이런 점에서 안재홍은 오늘의 대한민국 건국이념과 같은 노선을 걸었다고 말할 수 있다. 그러므로 큰 틀에서 본다면 안재홍과 송진우는 같은 노선을 걷고 있다고 말할 수 있다. 하지만 안재홍은 송진우에 비해 연합국을 절대적으로 지지하지 않았고, 임시정부에 대해서도 어느 정도 비판적인 입장을 갖고 있었다. 그러니 안재홍이 온

건한 우파라면 송진우는 보다 급진적인 우파라고 말할 수 있다. 안
재홍은 건준 내에서 우익을 강화하고자 노력했지만 좌우에서 다 같
이 견제를 받고 성공하지 못했다.

2장

송진우와 민족주의 진영의
건국구상

당시 송진우도 여운형으로부터 강력하게 건국준비위원회에 참여할
것을 제안받았다. 안재홍이 많은 문제가 있음에도 불구하고 여운형
의 건국준비위원회에 참여하였음에 비해 당시 한국 민족주의 계열
에서 가장 강력한 세력을 갖고 있던 송진우는 여운형의 제안을 받아
들이지 않았다. 송진우는 일제 강점기 민족주의를 이끌어 왔다. 그
는 3·1운동의 실질적인 주도세력 가운데 하나였으며, 오랫동안 『동
아일보』의 책임자로서 공산주의와 싸웠다. 더욱이 그는 일제 강점기
한국의 대표적인 부호인 김성수와 함께 한국의 민족주의를 이끌고
있었던 것이다. 아울러서 그는 김성수가 교장으로 있던 보성전문학

교와 함께 활동하였다. 송진우는 민족주의 그룹 가운데 기독교와 천도교를 제외하고 가장 강력한 민족주의 그룹이었다. 또한 그의 주변에는 김병로, 이인, 김준연, 장덕수와 같은 굵직한 민족주의 인물들이 포진하고 있다.

그러나 송진우는 여운형이 건국준비위원회에 참여해 달라는 요청을 거부하였다. 송진우가 여운형의 제안을 받아들이지 않은 이유는 그들의 민족통일전선에 이용당하는 것이기 때문이다. 그들은 이미 급진 공산주의자와 사회주의자들로 구성되었으며, 여기에 송진우가 가담한다는 것은 민족주의자들을 그들의 전선 아래로 끌고 들어가는 것이기 때문이다. 특히 송진우는 여운형 주변에 어떤 사람들이 있는지를 잘 알고 있었다. 그는 여운형이 과격파 공산주의자가 아니라는 것을 잘 알고 있었다. 하지만 그는 그들에게 이용당할 가능성이 많았다. 그래서 송진우는 자신에게 가입을 권유하는 여운형에게 "내가 보기에 몽양은 공산주의자가 아니오. 그러나 자칫하면 그들에게 휘감기어 공산주의자도 못 되면서 공산주의 노릇 하게 될 위험성이 없지 않소. 내 말을 들으시오."라고 말했다.[90] 이 점에 있어서 송진우와 안재홍은 달랐다. 안재홍은 위험성이 있음에도 불구하고 가담했고, 송진우는 가담하지 않았다.

송진우는 안재홍과 같이 민족주의가 주도하는 나라를 원했다. 송진우는 한국민족의 대의는 3·1운동에서 나타났고, 이것은 대한민국 임시정부를 통해서 나타났다고 생각했다. 그리고 같은 민족끼리 계급을 나누고 서로 다투는 것은 옳지 않다고 생각했다. 송진우는 일찍이 일본 유학시절부터 서구 민주주의에 대해서 배웠고, 한국에서 새로 세워질 나라는 바로 이런 민주주의여야 한다고 생각했다. 송진우를 비롯한 많은 민족주의자들은 1910년대 일본 유학을 경험하였다. 이들은 주로 와세다 대학과 메이지 대학을 다녔는데, 당시 이곳에서는 소위 신자유주의가 유행하였다. 신자유주의란 자본주의를 받아들이면서도 그 문제점을 인식하고 사회 전체와의 유기체적인 관계 가운데서 개인의 자유를 신장시키려는 20세기 초 영국을 중심으로 한 서구 민주주의의 한 사상이었다. 이런 신자유주의는 소위 다이쇼 데모크라시의 핵심을 이루었다. 송진우를 비롯한 대부분의 민족주의자들은 이 같은 정치사상을 가졌다.[91] 이런 민주주의 이념은 1920년대 후반 공산주의와의 심각한 논쟁을 거치면서 대부분의 민족주의 진영으로서는 포기할 수 없는 사상적인 기초가 되었다. 아마도 이것이 공산주의를 배운 여운형과 서구 민주주의를 배운 송진우의 차이일 것이다.

송진우는 서구식 민주주의 국가를 세우기 위해서는 몇 가지가 필요하다고 보았다. 첫째, 새로 세워지는 나라의 정권은 연합군으로부터 인수해야 한다는 것이다. 우선 송진우가 말하는 연합군이 무엇을 말하는지 살펴보아야 한다. 해방 당시 이미 북한에는 소련군이 진주하고 있었다. 송진우는 서구 민주주의를 신봉하는 사람이기 때문에 그가 소련과 공산주의를 연합군의 주체라고 생각하고 여기에 편승하여 국가를 세우려고 하지는 않았을 것이다. 따라서 여기에서 말하는 연합군은 미국을 중심으로 하는 연합군을 말하는 것이다. 당시 아시아에서 일본과의 싸움에서는 중국이 참여하고 있었지만 역시 미국이 주도하고 있었으며, 맥아더는 바로 연합군 태평양사령부의 총사령관이었다.

송진우는 당시 국제적인 상황을 미국을 중심으로 파악하고 있었다. 제2차 세계대전 초기에는 미국이 전쟁에 참여하지 않았다. 미국은 영국과 소련에 무기를 공급해 주면서도 직접 전쟁에 참여하지는 않았다. 하지만 일본이 진주만을 공격하자 여기에 참여하게 되었고, 미국의 참전은 제2차 세계대전을 연합군의 승리로 이끌었다. 당시 미국은 연합국을 이끌어 가는 존재였고, 스탈린도 미국의 도움으로 전쟁을 수행하고 있었다. 따라서 미국은 당연하게 전후의 질서를 이끌어 갈 수 있다고 생각하였다. 송진우는 안재홍에게 세계가 미국 주도로 움직이며, 소련은 미국의 요구에 따라 코민테른을 폐지할 정도라고 말했다.[92] 이 점이 소련을 중심으로 역사를 이해하는 공산주의자들과 송진우가 다른 점이다. 공산주의자들에게는 소련이 노동자의 조국이었지만 민주주의자들에게 미국은 민주주의의 본산지였다. 이런 점에서 송진우는 처음부터 분명히 미국 중심의 세계질서를 생각하고 있었던 것이다.

안재홍은 송진우가 건준에 참여하지 않은 이유로 그가 미국 중심으로 세계정세를 이해했기 때문이라고 보았다. 송진우는 제2차 세계대전이 미국 중심으로 진행되고 있으며, 소련도 여기에 복종할 수밖에 없다는 것이다. 이런 상황에서 구차하게 좌파와 연합전선을 펴기보다는 묵묵하게 연합군의 진주를 기다리는 것이 옳다고 생각했다. 안재홍은 "또 민족주의 진영에서는 (중략) 아전인수적인 낙관을 하고 있기 때문에 건준과 같은 것을 너무 경시하고 열의로서 협력코자 아니하였다."고 말하고 있다.[93]

송진우는 이런 관점에서 일제 말의 상황을 파악했다. 그는 일본이 패전을 앞두고 있으며, 분명히 조선인 지도자들에게 타협을 제시할 것이라고 생각했다. 즉 패전 이후 조선에 거주하는 일본인들의 인명과 재산을 보호하기 위하여, 그리고 자신들의 영향력을 유지하기 위하여 조선인들에게 정권의 일부를 넘겨주는 타협안을 제시할 것이라고 보았다. 그래서 그는 자신의 주변에 있는 사람들에게 "인제 일본은 망하오. 그런데 저들이 궁핍하게 되면 미끼로 우리를 유혹

할 것이요. 형세가 악화돼서 더욱 궁하면 독립을 허여한다고 할 것이요. 독립을 준다고 해도 응해서는 안 돼요. 이때가 가장 위험하니까."라고 말했다.[94]

송진우는 세계정세를 통해서 이 같은 일을 예견할 수 있었다. 중국, 프랑스, 필리핀이 다 같이 이런 경험을 했다. 중일전쟁 이후 일본은 왕징웨이(汪精衛, 호는 兆銘)를 내세워서 대동아공영권이라는 미명 아래 친일정권을 만들었고, 프랑스에서는 제1차 세계대전 시 독일과 싸운 독립영웅 앙리 페탱(Henri Phillipe Petain)이 제2차 세계대전 말에는 나치에 협력하여 괴뢰정부의 주석이 되었고, 필리핀의 조제 라우엘(Jose Piciano Laurel)은 원래 훌륭한 대법관이었으나 일본의 필리핀 점령기간에 괴뢰정부의 대통령으로 일했다.[95] 송진우는 1920년대 일본에게 자치론을 주장했다고 해서 말썽에 휘말리기도 했다. 이런 경험을 가진 송진우에게 일본과 협력하는 일은 현명하지 않은 것으로 인식되었다.

송진우가 일본의 제의를 거절했을 때 그는 자신이 일본의 유혹에 빠졌다기보다는 여운형이 오히려 일본의 제의를 받아들인 마수에 빠져들고 말았다고 생각했다. 그래서 송진우는 여운형이 총독부의 제의를 받아들였다고 했을 때 "페탱이 돼서야, 라우엘이 되다니 (중략) 몽양 그 사람 쯧쯧" 했다는 것이다.[96] 송진우는 이제 일본을 상대로 하기보다는 연합군을 상대해야 한다고 생각했다. 이것이 친일논란에도 빠지지 않고, 앞으로 건설될 국가, 곧 민주주의를 세우는 데에도 도움이 될 것이다.

사실 이 점에 있어서는 송진우가 지나치게 친일을 의식했는지 모른다. 여운형의 경우, 그가 일본으로부터 치안권을 넘겨받았기 때문에 친일논란에 빠진 것도 사실이지만 그가 해방 이후 주도권을 잡을 수 있었고, 이것 때문에 한국의 민주주의와 민족주의는 매우 어려워지게 되었다. 실제로 일본은 공산주의에게 정권을 넘겨주지 않으려고 했고, 마음만 먹으면 송진우가 해방 후의 주도권을 잡을 수 있었다. 그러나 송진우는 이것을 거부했기 때문에 주도권을 잃게 되었고, 결국에는 상당한 어려움을 겪어야 했다.

하지만 송진우가 해방 후 조선이 미국을 중심으로 하는 연합군을 상대로 해야 한다는 것은 옳았다고 본다. 해방 후 한반도의 남쪽은 미국을 중심으로 한 서방세계와 손을 잡았고, 이것은 자유민주주의와 시장경제, 그리고 종교의 자유를 가져왔다. 송진우는 큰 틀에서 올바른 판단을 한 것이다.

둘째는 중경 임시정부를 해방 후 국가건설의 주역으로 받아들여야 한다는 것이다. 3·1운동 이후에 대한민국 임시정부가 세워졌고, 많은 우여곡절을 겪었지만 임시정부는 공산주의에 넘어가지 않고

당당하게 민주주의적인 노선에 서 있었다. 송진우는 국내에 비록 독립운동을 한 혁명세력이 있지만 전 한국민을 대표하는 독립운동이 아니었고, 그것도 좌파 그룹이 주도하고 있었다. 그들이 주도하도록 내버려 두면 당연히 나라는 공산국가가 되고 말 것이다. 따라서 현실적으로 전 민족의 지지를 받으면서 민주주의를 지킬 수 있는 정권 창출세력은 임시정부밖에 없는 것이다.

현재 대한민국 헌법은 3·1정신과 대한민국 임시정부의 법통을 계승한다고 되어 있다. 이것은 송진우가 주장한 임시정부의 봉대가 현재 대한민국의 정통성을 확립하는 데 매우 중요한 일을 하고 있다는 것을 의미한다. 여기에 송진우의 한국사적인 위치가 있다. 그러면 임시정부의 봉대론을 우리는 어떻게 이해해야 할 것인가?

먼저 일제 말 해방을 앞두고 대다수의 민족주의자들은 중경 임시정부가 바로 새로운 나라의 기초가 될 수 있다고 생각했다. 일제가 망하는 것을 예견한 많은 젊은이들은 장준하의 경우처럼 일본 군대에 입대해서 중국에 갔다가 중경에 있는 임시정부에 들어가서 광복군과 함께 귀국하기를 원했다.[97] 또한 김구는 일제의 패망을 앞두고 국내에 들어가서 공작을 하며 연합군을 환영하는 일을 하도록 했다. 김구는 1944년 10월 3일에 자신이 직접 주재하는 국내공작위원회를 설치하기로 결의하고, 문덕홍과 백창섭을 제주도에 밀파했다. 이들은 제주도를 거점으로 해서 연합군의 상륙에 대비하도록 했다.[98] 또 다른 증언에 의하면 해방이 임박하자 김구는 윤석구를 임시정부 귀국준비위원으로 임명하여 활동하게 하였다.[99] 만일 임시정부가 귀국준비위원을 임명하여 활동하게 했다면 민족지도자들도 임시정부가 어떻게 활동하고 있었는지를 잘 알고 있었을 것이다.

임시정부 봉대론은 단지 송진우의 정치적인 계산이 아니었다. 많은 학자들은 여운형의 건국준비위원회에 밀린 송진우가 대안으로 생각해 낸 것이 바로 임시정부 봉대론이라고 주장했다. 다시 말하면 건준의 혁명세력에 비해서 항일 업적이 없는 민족주의 세력이 임시정부 봉대론을 옆고 건국준비위원회에 대항했다는 것이다.[100] 하지만 임시정부 봉대론은 해방 당시 널리 퍼져 있던 일반국민들의 생각이었다. 서울의 유력한 목사이며, 해방 당시 열심히 활동했던 유호준은 단파방송을 통해서 전쟁 상황을 알고 있었고, "일본이 패망하면 우리 임시정부가 돌아와 통치하게 될 것이라고" 믿었다.[101] 이것은 북한의 대표적인 민족주의자인 조만식도 마찬가지이다. 조만식은 그가 비록 건국준비위원회라는 용어를 사용하지만 자신들은 중경 임시정부를 정통으로 인정한다고 말했다.[102] 평북 치안유지위원장이었던 이유필도 마찬가지였다.[103] 이것은 남한에서도 같다. 경상도 지역 유림을 대표하는 김창숙도 임시정부의 권위를 인정하고, 임시정부의 귀국을 기다리고 있었다.[104] 따라서 송진우의 임정 봉대론은 단지 정치적인 술수가 아니라 당시 한국인들의 견해를 잘 대변해 주고 있다고 보인다.

셋째, 송진우는 임시정부를 맞이하기 위해서는 국내에서 국민대회를 통해서 임시정부를 인준하는 절차를 거쳐야 한다고 생각하였다. 임시정부의 가장 큰 문제는 임시정부가 국내의 지지기반이 없다는 것이다. 이승만이 그렇게 임시정부를 인정해 달라고 요구했지만 미국을 비롯한 국제사회가 임시정부를 대한민국을 대표하는 정부로 인정하지 않은 것은 한반도에 사는 한국인들이 임시정부를 인정한다는 구체적인 증거가 없기 때문이다. 따라서 송진우는 국회 격인 국민대회를 열어서 임시정부를 인준하려고 하였다. 1945년 8월 말 송진우는 이인에게 "국가가 건립되려면 국회가 있어야 하지 않겠소? 나는 국회 개설 준비로 각계각층을 망라한 국민대회준비회를 발기할까 하오."라고 말하였다.[105]

송진우는 국가 권력은 대중들로부터 받아야 한다고 생각했다. 위에서 지적한 것처럼 안재홍도 총독부가 해방 이후의 상황을 설명하면서 부탁하였을 때 "우리 소수가 결정할 일이 아니라"고 하며 민족대회를 열 것을 요청하였다. 송진우도 마찬가지였다. 권력은 소수에게서 나오는 것이 아니라 가능한 대로 모든 국민이 모여서 그들의 자유로운 의사로 결정되어야 하는 것이다. 이것은 해방 직후 평남지사가 조만식에게 정권을 이양받으라고 했을 때 송진우는 총독부로부터 권력을 이양받지 말고 일반 시민들로부터 정권을 이양받는 형식을 취하라고 권고했다.[106] 사실 이것은 민주주의적인 훈련을 받은 사람이라면 지극히 자연스러운 것이다.

송진우가 말한 국민대회는 오랜 역사를 가지고 있는 것이다. 한일합병 이후 우리 민족은 나라를 잃어 버렸지만 해외에서 대한국민임을 잊지 않고 중요한 일이 있을 때마다 국민대회를 열었다. 이것은 3·1운동 이후 상해 임시정부가 어려움에 처했을 때도 국민대회를 통해서 상해 임시정부를 개조하려고 했다. 한국의 정치가들이 존경하는 중국의 쑨원(孫文)은 국민대회를 국가의 최고 위치에 놓고 국가의 가장 중요한 사안이 있을 때 국민대회를 통하여 사안을 처리하고자 했다.[107] 뿐만 아니라 이것은 미국의 국제정책이기도 하다. 미국은 제2차 세계대전 이후의 국가 건설계획을 놓고 고민하던 중, 새로운 신생국가는 그 나라 전체 국민의사를 따라서 결정되어야 한다는 원칙을 정해 놓고 있었다. 이런 원칙에 의해서 미국은 당시 가장 명망 있던 폴란드의 망명정부도 정부로서 인정하지 않았던 것이다.[108] 따라서 송진우가 국민대회를 열어 임시정부를 인준하려는 것은 민족적 정통성과 국제적 전거가 있는 국가건설 방략인 것이다.

이 같은 일을 추진하기 위해서는 민족주의가 주도권을 잡는 구조가 되어야 하는 것이다. 그런데 만일 송진우가 이미 공산주의자들이 자리를 잡고 있는 건국준비위원회에 가입한다면 이런 일들이 가능하겠는가? 그들은 이미 오랫동안 인민정부를 세우려고 계획하고 있었다. 공산주의자들은 종전 이후 어떻게 국가를 건설할 것인가를 구체적으로 계획하였고, 이 계획에 의해서 혁명동지를 규합해서 정권을 잡고, 인민대표자대회를 통해서 이것을 추인하고 인민위원회를 설치하려고 하는 것이다. 여기에 비해서 미국을 중심으로 하는 민주주의 진영에서는 국가의 형태는 민족 스스로 결정한다는 민족자결권을 주장하였기 때문에 특정한 국가건설계획을 갖고 있지 않았다. 단지 미국은 자기들이 점령하는 지역에서 공산국가가 설립되어 소련의 위성국가가 되는 것을 막으려고 했을 뿐이다.

송진우는 이 같은 생각을 이미 오래전부터 하고 있었다. 그는 중국 쑨원의 국민당이나 1920년대 말 신간회의 경우를 통해서 공산주의의 전략을 잘 알고 있었다. 그들은 "프롤레타리아 헤게모니 전취론"을 통해서 자신들이 주도권을 잡으려고 했고, 이런 경우에서만 통일전선을 용인했다.[109] 신간회가 해소된 것은 신간회 내에서 프롤레타리아 헤게모니가 전취되지 못했기 때문이다. 이런 공산주의의 전략에 대응하기 위해서는 공산주의와 협동전선을 만들기 전에 먼저 프롤레타리아의 헤게모니가 작동하는가를 살펴보아야 할 것이다. 송진우는 건국동맹과 건국준비위원회에서 이미 좌파의 헤게모니가 확실하게 고착되었다고 판단했던 것 같다. 따라서 그는 만일 여기에 가담하면 그들의 전략에 이용당할 수밖에 없다고 판단했고, 그래서 송진우는 여운형의 요청을 거절했다.

이 점에 있어서 안재홍과 송진우는 달랐다. 안재홍도 해방 이후 헤게모니를 놓고 좌우가 서로 싸우지 않을까 염려하였다. 실제로 안재홍이 주도했던 신간회가 헤게모니 확보문제로 해소되었다. 그래서 그는 해방 이전부터 공산주의자들을 만날 때마다 "그대들은 신간회 당년의 영도권 싸움을 재연시키지 않을 것인가?"라고 물었다. 그들은 서슴지 않고 "그렇지 않다."고 대답하였다.[110] 안재홍은 어느 정도 이런 말을 믿었고, 그래서 건준에 가담했다. 하지만 송진우는 그렇게 생각하지 않았다. 결국 정세 판단에서 송진우가 옳았다는 것이 입증되었다. 왜냐하면 안재홍도 건준을 탈퇴했기 때문이다.

사실 송진우는 해방 당시 한국사회에서 가장 분명한 영향력이 있는 인물이었다. 박헌영은 지하에 있었고, 안재홍은 독자적인 정치적인 그룹을 갖지 못했다. 더욱이 여운형조차도 자신의 세력이 확고하지 못했다. 이것은 해방 직후 박헌영이 등장하자 여운형과 함께했던 많은 사람들이 박헌영에게로 옮겨 갔다는 사실에서 확인된다. 이것이 여운형의 몰락의 이유이다. 하지만 송진우는 그렇지 않았다. 송진우, 김성수를 콤비로 하는 민족주의 그룹은『동아일보』를 중심으로 하여 탄탄한 정치 그룹을 형성하고 있었다. 지금까지 많은 학자들이 여운형과 그 주변에 있는 좌파인물들에 대해서는 상당한 연구를 해 왔다. 하지만『동아일보』를 중심으로 한 우익인사들에 대해서는 깊은 연구가 없었다.[111]

해방 당일 여운형과 그의 동지들의 집에서 좌익인사들이 모인 것처럼 송진우와 그의 동지들의 집에서도 민족주의 인사들이 모였다. 해방 당일 민족주의 변호사 이인이 송진우의 집에 도달했을 때 여기에는 백관수, 김준연, 김병로, 정인보와 같은 민족주의 계열의 사람들이 모이고 있었다. 8월 15일 저녁부터는 청진동 이인의 집에도 많은 민족주의자들이 출입하고 있었다. 여기에는 원세훈, 조병옥, 김약수, 함상훈, 박찬희, 서종희, 백관수, 김대석, 조헌영, 윤길현, 김재학, 김천, 홍찬, 서용길, 서상천, 임성호, 신도성, 강수창, 강락원 등이 참여하고 있었다. 당시 한국사회의 대표적인 민족주의자들이 여기에 모여 있었던 것이다. 이들은 해방 당일 여운형이 건국준비위원회를 만들었고, 여기에 송진우가 참여하기를 거절했다는 이야기를 듣고 매우 당황해 하고 있었다.

이들은 대체로 송진우의 리더십을 따르는 사람들이다. 그러나 이들은 건준의 활동을 가만히 보고만 있지 않았다. 이인의 증언에 의하면 해방 당일 저녁에 이인은 이들에게 "미군이 곧 서울에 입성할 터이니 그냥 있을 수 없다. 연합군 환영회를 조직하자."고 했다. 이들은 곧 태극기와 연합군 4개 국가기, 그리고 완장 만들기를 하고, 각계인사들을 모았다. 이렇게 하여 17일 하오 1시에 100여명의 인사를 반도호텔로 초청하여 연합군 환영회와 임시정부 환영회를 준비하는 모임을 조직하였다.[112]

이것은 매우 중요한 의미를 갖고 있다. 해방 당일 여운형은 총독부 정무총감으로부터 소련군이 한강 이북에 진주한다는 소식을 듣고, 그 다음부터는 서울과 전국 전역에 소련군 진주에 관한 소문이 널리 돌아다니고 있었다. 사람들은 소련군을 환영하기 위해서 소련기를 가지고 서울역으로 나갔고, 장안파 공산당들은 회의를 하다 말고 서울역으로 나갔다. 이렇게 소련 진주설이 서울을 중심으로 강타하고 있을 때 민족주의 진영에서 연합군, 곧 미군 환영회와 임시정부 환영회를 열었다는 것은 해방 당일부터 정국은 날카롭게 대치하고 있었다는 것을 의미한다.

연합군 환영회를 연 17일에는 이미 소련 진주설이 한풀 꺾였고, 이제는 미군 진주설이 퍼지기 시작한 시점이라는 것도 매우 중요한 것이다. 17일부터 이미 미군 진주설이 나돌기 시작했다.[113] 여운형의 측근인 이란에 의하면 여운형은 8월 17일 혹은 18일에 소련군 대신 미군이 진주한다는 소식을 알았다고 했고, 8월 18일 오전 11시에는 미군기가 영등포 상공에 나타나서 미군이 진주한다는 삐라를 뿌리고 갔다.[114] 이것은 해방정국을 연합군을 중심으로 이끌어 나가려는 민족주의자들에게는 큰 힘이 되었을 것은 분명하다.

지금까지 많은 학자들은 해방 직후 건준을 중심으로 한 여운형의 활동에만 관심을 기울여 왔다. 하지만 실제로 송진우를 중심으로 한 많은 사람들은 나름대로의 건국복안을 갖고 있었고, 그 핵심 내용은 연합군, 곧 미국과 연대한다는 전제 아래 임시정부를 중심으로 하고, 이것을 위해서 범민족적인 대회를 갖는다는 것이다. 현재 대한민국은 바로 이 같은 송진우와 그의 동지들의 노선에 서 있는 것이다. 다시 말하면 대한민국은 반공을 이념으로 갖는 자유민주주의와 임시정부를 법통으로 생각하는 독립정신을 이어받고 있는 것이다. 이것은 소련을 중심으로 생각하며, 해방 직전 지하조직을 혁명주체로 생각하는 공산주의 세력과는 다른 것이다.

4부

■

건준 재편 시도와 좌절: 민족유지들과 공산주의자들

1장

송진우 영입과
전국유지자대회

송진우는 건국준비위원회에 참여하기를 거부했지만 그의 측근들은 연합군과 임시정부를 환영하면서 동시에 건준을 재편하려고 시도했다. 이들은 건준이 좌익의 손으로 넘어가는 것을 보면서 안재홍을 내세워서 건준을 재편하려고 했다. 사실 여운형과 송진우 측 사이에서는 여러 차례 협동을 위한 시도가 있었다. 이미 8월 12일과 13일 양일간에 걸쳐서 여운형 측의 정백과 송진우 측의 김준연이 서로 협상을 했다. 잘 알려진 대로 여운형 측은 이미 일본이 포츠담 선언을 받아들이기로 했으니 이제 조선민족이 빨리 나서서 정권을 잡아야 하며, 이렇게 해서 시작되는 나라는 인민대중의 혁명역량을 중심으로 해서 국내 국외의 혁명단체를 망라한 독립정부여야 한다는 것이다. 이것은 국내에서 활동한 공산혁명가들이 주체가 되어야 한다는 것이다. 여기에 대해서 송진우 측은 일본이 완전히 항복할 때까지 기다려 연합군으로부터 정권을 받아야 하며, 새로 세워지는 정권은 중경 임시정부가 주체여야 한다는 것이다.[115]

좌익들은 송진우의 이런 주장이 항일투쟁을 하지 않아서 지지기반이 없는 민족주의자들이 바로 미국과 장제스(蔣介石)의 지지를 받을 수 있는 임시정부를 이용해서 정국을 돌파하려고 한다고 비판하였다. 결국 이 협상은 실패로 돌아갔다. 그러나 이 협상이 실패한 또다른 이유는 여운형을 둘러싸고 있는 세력, 특히 성대 3총사라고 불리는 과격파 공산주의자들이 송진우의 등장을 반대했기 때문이다. 그들이 주장하는 논리는 송진우파는 민족개량주의이고, 민족 부르주아에 뿌리를 두고 있는 계급정당이며, 이들이 등장하면 혁명세력에 큰 위협이 된다는 것이다. 특히 제일 마지막의 이유가 매우 중요하다. 송진우 세력의 등장은 좌파세력에 위협이 될 만큼 컸다는 것이다.[116]

하지만 여운형은 자신의 건국준비위원회가 민족 전체를 포함하는 협동전선이라는 것을 보여 줄 필요가 있었다. 그래야 건준이 좌익에 치우치지 않고 좌우합작의 범민족적인 단체가 되기 때문이다. 여기에 해방 당일 이인은 여운형을 찾아가서 "민족적 성업을 하는데

단 몇 사람으로 사랑방 문을 잠그고 수군대는 수가 있소."라고 항의했고, 여운형은 다시금 송진우를 만나 보겠다고 약속했다.[117] 그래서 해방 당일 여운형은 다시금 송진우를 찾아갔고, 결국 송진우는 같이 일하지 못하겠다고 답했다. 그의 입장은 요지부동이었다. "경거망동 삼가라. 임시정부를 지지해야 한다."는 것이었다.[118]

하지만 그럼에도 불구하고 송진우 영입에 관한 논의는 계속된 것 같다. 총독부는 원래 여운형 한 사람에게 정권을 넘겨주려고 생각하지 않았다. 그들이 생각한 것은 송진우, 여운형, 그리고 안재홍이었다. 이들은 극좌 공산주의자들을 빼고 중앙에서 민족을 대표할 만한 사람들이었다. 하지만 이 세 사람 중에 여운형과 안재홍은 총독부의 요청에 합의했지만 송진우는 합의하지 않았다. 그러나 총독부는 그냥 포기하지 않았다. 8월 15일 아베 총독은 당시 한국인이며 경북지사였던 김대우(金大羽)를 불렀고, 그는 다음날 서울에 올라왔다. 김대우는 정무총감, 경무국장 등과 상의한 다음에 송진우와의 합작을 추진하였다. 여운형은 여기에 동의했고, 교섭위원으로 박석윤, 최근우, 정백 이 세 사람을 추천하였다.[119] 박석윤은 일제 강점기의 대표적인 친일파였고, 최근우 역시 일본과 밀접한 관계를 갖고 있었다. 정백은 오랫동안 공산당으로 활동했지만 일제 말에 친일적인 인물이었다.

총독부는 송진우에게도 접근하였다. 송진우는 여운형과 같은 사람과는 같이 일하고 싶지 않다면서 장덕수, 백관수, 김준연 등을 추천하였다. 이들은 장덕수와 김준연이 한때 공산주의를 받아들였지만 다 같이 강한 반공산주의 입장을 갖고 있는 사람들이었다. 김대우는 이들 외에도 유억겸과 양주삼(기독교 계통), 천도교 간부, 그리고 그 외에 덕망 있는 인사들을 건준에 포함시키려고 했다.[120] 이렇게 해서 건준을 더 폭넓은 단체로 만들려고 했다. 이렇게 한 근본적인 이유로 일본은 조선이 공산주의에 넘어가서 소련의 지배를 받는 것을 원하지 않았기 때문이다. 필자의 판단으로 여운형은 이런 입장에서 총독부의 이야기를 무시할 수 없었고, 따라서 다시금 송진우와의 대화에 나섰던 것 같다.

8월 17일 오후 2시 여운형은 다시 송진우를 찾아왔다. 신문기자들도 이것을 알고 대거 몰려왔다. 여기에 대한 기록은 송진우 측의 것만 남아 있는데, 그 내용은 위에서 논의한 것과 동일하다. 송진우는 여운형에 대해서 일본으로부터 정권을 받은 것에 대해서 유감을 말하고, 중경 임시정부를 기다려야 하는 동시에 공산주의자들과 손을 떼라는 것이었다. 여기에 대해서 여운형은 현 진공상태에 자신과 송진우가 나서서 함께하면 정국을 잘 헤쳐 나갈 수 있고, 여기에 해외세력도 참가할 수 있을 것이라고 말했다. 이 둘 사이에는 아무런

합의점도 없었다.[121]

송진우는 강력하게 여운형의 건준과 협동전선을 반대했지만 송진우의 동료들은 그렇게 생각하지 않았다. 그들은 당시 상황을 잘 이해하지 못하는 일반인들이 마치 건준이 새로운 독립정권이나 되는 것처럼 인식을 하고, 결국 그들이 주도권을 갖게 되므로 이것을 견제하고, 건준은 좌익 주도에서 벗어나서 진정으로 온 민족을 대표한 모임이 되도록 만들어야 한다고 생각했다.

8월 17일 1시부터 열린 연합군 및 임시정부 환영준비회를 마치고 돌아왔을 때 송진우 주변의 민족주의자들은 새로운 소식을 들었다. 그것은 같은 날 2시부터 송진우와 여운형은 회담을 했고, 그 회담은 결렬되었다는 것이다. 이인은 "연합군 환영회를 조직하던 날 동지들은 원서동 송진우의 댁에서 모여 건준문제를 다시 논의했다. 동지들은 고하 - 몽양 회담의 결렬은 있을 수 없는 일이니 김병로, 백관수, 그리고 나(이인)를 대표로 뽑아 몽양(여운형), 민세(안재홍)와 담판하도록 결정했다. 우리 3인은 그 길로 임용상가(家)를 찾아 건준의 불순성을 국민 앞에 사과하고, 건준은 즉각 해산하라고 요구했다. 이에 대하여 몽양 등은 건준이 황망 중에 된 것을 거듭 말하고, 3인의 주장을 받아들인다고 하므로 거족적으로 국내 각 계층을 총망라한 인사들을 일당에 모아서 건준 방략을 협의하여 건준을 해산한다는 몽

양, 민세 명의의 각서를 받았다."고 말했다.[122]

이인의 말대로 정말 여운형과 안재홍이 건준을 해산한다는 각서를 썼는지 확실하지 않지만 당시 민족주의 세력에서는 건준을 본격적으로 개편하려고 계획한 것 같다. 물론 송진우는 건준세력과 협동하는 것에 대해서 회의적이었지만 그의 동료들이 이런 운동에 나서는 것을 막지는 않았다. 여운형도 건준의 개편에 동의했다. 아마도 여운형이 건준을 확대개편하려고 한 데에는 총독부의 입김이 작용했다고 생각이 된다. 물론 안재홍은 계속 건준의 확대개편을 위해 노력했다.

또한 여운형이 이 같은 건준개편에 동의했던 것은 소련 진주설이 후퇴하고, 미군 진주설이 강하게 등장하고 있었다는 데 있다고 생각한다. 해방 당일부터 소련 진주설은 나돌았고, 16일 소련이 서울역에 온다고 해서 환영대회까지 준비했는데 이것은 사실이 아닌 것으로 판명이 났다. 아마도 이런 가운데 서울에 미군이 진주한다는 미군 진주설이 등장하게 되었다. 이란의 주장에 의하면 여운형은 17일 혹은 18일에 미군이 진주할 것이라는 소식을 들었을 것이라고 주장했다.[123]

이렇게 바쁘게 돌아가던 17일 여운형은 또 다른 상황을 맞이하게 된다. 그것은 총독부로부터의 압력이다. 원래 총독부는 여운형에게

종전 후의 치안, 특히 일본인의 생명을 보호해 달라고 했는데, 16일 오후 3시에 발표한 안재홍의 방송연설은 단지 치안유지가 아니라 새로운 정부를 세우려는 국가건설계획과 같은 것이었다. 한반도에 어떤 국가를 건설할 것인가는 총독부나 건준이 해야 할 일이 아니었고, 오히려 앞으로 진주할 연합군의 몫이었다. 따라서 17일 밤 경성 보호관찰소장 장기에게 연락하여 건준의 활동은 치안유지의 수준을 넘지 않도록 요청하였다. 18일 오후 3시에는 총독부 니시히로(西廣) 경무국장은 안재홍을 면담하고 건준을 해산할 것을 요구하였으나 안재홍은 이것을 거부하였다.[124] 17일 이후 건준은 심각한 위기를 경험하고 있었다.

이 같은 복잡한 상황 속에서 안재홍은 18일 자정을 지나서 여운형의 계동 집을 방문했다. 이들은 건준의 미래에 대해서 서로 논의하였다. 하지만 이들 사이에서 확인할 수 있는 것은 서로 간에 합할 수 없는 간격이었다. 안재홍은 여운형의 국가건설계획은 민족주의자들이 생각하는 것과는 근본적으로 다르다고 생각했다. 사실 그의 내면에서는 거의 결렬하였으나 탈퇴를 공식화하지는 않았다.[125]

그럼에도 불구하고 이런 상황 가운데서 18일 건준 측과 민족주의 진영 사이에서는 본격적인 논의가 시작되었다. 우선 건준 측에서 나온 인물은 유억겸이었고, 민족주의 진영에서는 백관수와 김병로였다.[126] 여기에서 이들은 건준의 확대개편을 논의하였고, 아울러서 안재홍과도 상의하였다. 그 결과 경향 각지를 막론하여 전 국민의 총의를 확인하기 위하여 '전국유지자대회'를 소집하기로 하고, 그 대상자를 480명의 각계 인사들의 명단을 확정하고, 그 다음에 8월 19일 대회를 열기로 하고, "그간의 건준의 과오와 명실상부한 유지단체를 원한다."는 내용의 초청장을 발송하였다. 아마도 이것은 민족주의자들과 안재홍, 유억겸의 협상안이었던 것 같다.[127]

우리는 여기에서 두 가지 점에 유의해야 할 것이다. 첫째는 "유지자대회"이다. 원래 건국동맹과 좌익에서 계획했던 것은 인민대표자대회였다. 이것은 노동자와 농민을 주축으로 하는 좌익인민전선이다. 하지만 새로운 대회의 이름은 유지자대회이다. 유지자란 한국사회에서 오랫동안 뿌리를 내린 집단으로서 관과 민을 연결하며, 자립적으로 여론을 주도해 나가는 계층이다. 이것은 부르주아라고도 말할 수 있으며, 또한 시민계층이라고 말할 수 있다.[128] 안재홍, 유억겸 그리고 민족주의자들이 생각하는 건국은 유지자들이 중심이 되어 새로운 나라를 건국하는 것이다. 이것은 전통적인 한국사회에 적당한 것이다. 아울러서 오랫동안 민족주의자들은 새로운 나라는 전 국민의 의사를 표현해야 한다고 생각했기 때문에 전국적으로 유지자들을 선발하였다.

둘째는 유억겸이라는 인물이다. 유억겸은 일제 말 연희전문학교 교장을 지낸 인물로서 총독부가 기독교를 대표해서 유형기와 함께 건준에 참여시켜야 한다고 주장했던 인물이다. 총독부는 유억겸과 함께 감리교 총리를 지낸 유명한 감리교 지도자 유형기를 건준에 참여시키고자 했다. 아마도 여운형은 총독부의 주장을 받아들여서 유억겸을 건준에 받아들였고, 그로 하여금 협상에 나서도록 했던 것 같다. 그러나 유억겸은 건국동맹이나 건준에 전혀 합당한 인물이 아니다. 그는 온건한 민족주의자였다. 하지만 유억겸과 유형기는 다같이 초기 건준에서 활동하려고 했던 것 같다. 유형기는 이미 건준에 참여하고 있던 이규갑 목사와 함께 황해도의 기독교 민족주의자 문창모에게 연락을 해서 8월 17일 해주 건준위원회가 세워졌다.[129] 16일에 총독부의 요청을 받은 유형기는 곧 바로 행동에 옮겨 황해도 건준 설립에 기여한 것이다.

2장

공산주의자들의
건준 확대개편 반대

아마도 18일 건준 내부에서는 이 문제를 가지고 엄청난 논쟁이 벌어진 것 같다. 건준의 입장에서 본다면 안재홍과 유억겸이 타협한 전국유지자대회를 수용하기란 매우 어려울 것이다. 바로 그것은 건준이 지금까지 취해온 입장과는 정반대의 입장이기 때문이다. 만일 타협안처럼 바뀐다면 건준은 우익 중심으로 변화될 것이다. 건준 특히 급진 공산주의에 속하는 사람들은 건준이 매우 위험한 상황에 빠졌다고 생각했다. 이들은 먼저 건준의 역사적인 성립과정을 살펴보아야 한다고 주장하였다. 그것은 건준은 원래 "진보적 민주주의와 공산주의의 연합전선"이었다는 것이다. 민주주의민족전선은 다음과 같이 말하고 있다. "건준은 여운형 씨의 기동력 있는 정치적 영향이 중심이 되었으며, 대지주와 민족뿌르조아를 제외한 진보적 민주주의자와 공산주의자의 연합전선이었던 것이다."[130] 이 주장은 원래 건준은 민족 부르주아를 배제하고 만들어졌으므로 그 기초 위에서 건준은 진행되어야 한다는 것이다. 이것은 송진우와 그의 계열이 건준에 들어오는 것을 반대하는 것이다.

8월 18일 논의하기 시작한 전국유지자대회는 많은 논란을 가져온 것 같다. 그날 저녁 여운형은 밤 11시에 테러를 당했고, 이것은 해방 이후 처음 일어난 정치테러인 것이다. 이런 상황 가운데서 여운형이 어떤 입장을 취했는지 우리는 알 수 없다. 그는 한편으로는 총독부의 권고를 받아서 송진우를 영입하려고 노력하는 한편, 안재홍에게는 민족주의 입장을 받아들일 수 없음을 분명히 하였다. 그럼에도 불구하고 18일에는 건준 측과 민족주의자들 사이의 논쟁은 더 이어지고 있었다. 바로 이 같은 상황 속에서 18일 늦은 밤에 여운형이 테러를 당한 것이다. 미군정 문서는 여운형이 총독부의 지시를 받아들인 다음에 테러를 당했으며, 그 후에 공산주의자들의 통제 아래 있다고 보고하고 있다.[131] 여운형은 테러를 당한 다음에 경기도 양평으로 내려가서 요양을 했다.

공산주의의 입장을 대변하는 민주주의민족전선은 여운형의 입장에 대해서 매우 비판적인 견해를 보이고 있다. 여운형의 건준이 공산주의자와 진보적 민주주의자가 연합한 것임에도 불구하고, 개량주의적인 송진우의 세력을 끌어들이려고 한다는 것이다. 비록 건준이 해방 직후 "조선 역사상 기념비적인 의의를 갖고" 있다고 할지라도 "자기 비판적 규정이 있지 않으면 건준을 기준 삼아 발족한 민주전선의 그 이후의 활동과 발전을 정당하게 이해하고 파악할 수 없다."는 것이다.[132]

8월 19일 오후 1시부터 화신 뉴스 영화관에서 건준은 이런 중요한 과제를 놓고 모였다.[133] 물론 여운형은 전날 테러를 당하여 고향인 경기도 양평으로 내려갔다. 여운형이 없는 상황에서 건준의 확대개편을 놓고 심각한 토론이 벌어졌다. 첫 번째는 송진우의 영입문제이다. 건준 내의 공산주의 세력은 여기에 대해서 결사반대를 하였고, 3차의 회의를 거듭한 결과 16 대 17로 부결되었다. 찬성 측은 송진우가 건준에 가담해야 비로소 전 민족적인 기관이 될 수 있다는 것이며, 반대는 위에서 지적한 대로 송진우와 그의 세력들은 친일 부르주아라는 것이다. 당시 민족주의 좌파 성향의 신호는 송진우의 가입을 거부한 것은 바로 "반동세력 구성에 대한 무지가 아니면 송진우를 두려워한 비겁밖에 되지 않는다."고 평가하고 있다.[134] 원래 인민전선 이론에 의하면 친일 부르주아를 제외한 모든 사람들은 다 인민전선의 대상이다. 송진우는 일제 말 일본과 타협하지 않고 은거

하고 있었다. 따라서 송진우를 배제하려는 것은 인민전선에 대한 무지라는 것이다. 그렇지 않다면 송진우의 세력이 힘이 있어서 오히려 자신들이 밀려날 염려가 있기 때문이라는 것이다. 아마 후자가 사실일 것이다.

두 번째 문제는 전국유지자대회 문제였다. 원래 건준 측과 민족주의 진영은 19일에 전국유지자대회를 열기로 합의했다. 그러나 19일로 예정된 전국유지자대회는 열리지 않았다. 원래 약속된 대로 초청장 발송은 이루어지지 않았고, 이 문제를 놓고 심각한 대립이 벌어지고 있었다. 좌익의『민주주의민족전선』은 여기에 대해서 이렇게 말하고 있다.[135]

건준의 기빨이 건준진두에 날리자 송진우파를 선두로 한 우익기회주의자는 역사적 비약의 도정에서 인민과 역행하는 자기 계급을 발견하게 되었다. 그들은 좌익혁명진영에 한 다리 드러노려하였다. 즉 8월 19일에 송진우파는 김병로, 백관수로 하여금 합작을 제의하였다. 건준을 경성유지자대회를 열어서 개조할 것을 주장하였다. (중략) 그 유지자의 규정은 적에게 욕 한번 듣지 않고, 적의 뺨 한번 때리지 못하는 왜정치하의 유지신사들이었다. 그들로 건준의 중심세력을 삼으려했다. 뿐만 아니라 건준의 목적은 재중경 김구주석환국준비에 두자는 것이다.

비록 위의 인용은 전국유지자대회를 경성유지자대회라고 말했지만[136] 분명한 것은 우익에서 건준을 인민, 곧 노동자와 농민 계층이 아닌 전국의 유지자를 중심으로 새로운 조직으로 개편하려고 했고, 이 단체의 궁극적인 목적은 바로 임시정부를 중심으로 새로운 나라를 건국하는 것이었다. 19일 이 문제가 제기되었을 때 급진적 공산주의자들은 이것을 결사반대했다. 결국 전국유지자대회는 열리지 못하고 말았다. 양측의 합의가 깨지고 만 것이다.

여기에 대해서 건준 내의 공산주의자들은 노선의 명확성을 강조하였다. 건준은 일제하의 국내 투쟁세력이 중심이 되고, 김구의 임시정부는 개인적으로 참여할 수 있다는 것이다. 이것은 이미 처음부터 여운형과 건국동맹이 주장하는 것이었다. 여기에 비해서 민족주의자들은 유지자들이 중심이 되어 임시정부를 환영하고, 이들이 새로운 국가를 건국하도록 해야 한다는 것이다. 민주주의민족전선은 이것을 "실천적 민주주의자와 사이비 민주주의자"가 깨끗이 분리해야 할 필요가 있다고 주장하면서 "무조건적 총망라론과 불순분자배제론"의 대립이 시작되었다고 주장한다. 그래서 "근로대중의 민주적 권리신장과 민주이익 증진을" 강조하는 건준의 혁명세력과 송진우를 중심으로 하는 민족주의 세력의 "유지자대회"를 일축하고, "진보적 민주세력으로 건준의 확대강화에 용진하게 되었다."고 밝히고 있다.[137]

이런 가운데서 공산주의자들은 건준의 리더십에 대한 강력한 비판이 나오고 있다. 이것은 사실 여운형과 그의 추종자들에 대한 비판이다. 이들은 다음 몇 가지로 건준의 문제점을 지적하고 있다.

첫째, 건준은 "세계 민주주의 전선의 일익적 임무를 갖추었음에도 불구하고, 건준 조직 자체가 직접적인 투쟁에서 연성되지 못하고 임기 응급의 소산"이므로 금번 전쟁 기간 가운데 정치적으로 군사적으로 광범위하게 전개된 "인민전선운동의 국제적 경험을 섭취할 기회가 결여되었다."는 것이다.[138] 여기에서 우리는 건준이 공산주의자들이 말하는 민주주의민족통일전선에 일환이라는 것을 알 수 있다. 하지만 건준의 지도자, 곧 여운형을 중심으로 하는 인물들이 인민전선의 투쟁적인 경험을 제대로 갖고 있지 못하다는 비판이다. 이것은 과격파가 온건파를 비판하는 것이다.

둘째, 국제민주주의 연합군이 조선의 해방에 미친 영향에 비하여 국내의 민족적 자력의 힘이 너무나 부족하여 해방되었지만 국내에서 이것을 추진해야 할 능력이 부족하여 "혁명적 인민대중을 동원하지" 못하였다는 것이다. 그러나 이것을 위하여 "반드시 전국적 인민대중 위에 건준을 세워야 한다."고 주장한다.[139] 이것은 건준이 앞으로 나가야 할 방향을 제시하는 것이다. 그것은 바로 인민혁명이라는 것이며, 결국에는 인민위원회를 만들어서 인민공화국을 세우는 것이다.

셋째, 이 과정에서 가장 중요한 것은 이런 건국준비를 하는데 있어서 일제 잔재 숙청작업을 과소평가하였다는 것이다. 현재 건준 내에서는 "인민정권 수립의 근본규정"이 모호하여 과거 친일세력이 침투하고 있다는 것이다.[140] 이것을 막지 않고서는 인민정권이 수립되기 어렵다는 것이다. 사실 이것은 전략적인 측면에서 매우 중요하다. 이미 일제 말 공산당은 해방이 되면 부르주아 세력을 친일파로 몰아서 공격하라는 지침을 내린 적이 있고, 해방 이후 박헌영은 소위 청류와 탁류의 이론을 내세워서 자신과 반대되는 세력과 수많은 민족주의자들을 제거했다.

3장

건준 이외의
독자적인 움직임

이렇게 건준 내부에서 전국유지자대회를 놓고 치열한 논쟁을 벌이
고 있을 때 서울에서는 또 다른 중요한 일이 벌어지고 있었다. 해방
당시 가장 중요한 일은 치안유지와 식량배급이었다. 총독부는 이것
을 도와 달라고 여운형에게 부탁했다. 하지만 이런 일을 하려면 결
국에는 지역의 말단 행정기구가 나서야 하는 것이다. 해방 직후 정
(현재의 동)을 중심으로 치안을 유지하려는 움직임이 생겨난 것이다.
우리 한국사회에는 지역마다 유지가 있어서 어려운 일이 있을 때 관
과 민을 연결해서 위기를 극복하는 전통을 갖고 있었다. 해방 직후
에도 마찬가지였다. 경성부 북아현정 내 주민들은 17일 하오 7시부
터 청장년들이 모여서 자위단을 조직하고, 치안과 식량 확보 활동을

하였다.[141]

8월 19일 조직된 경성 정(町)총대연합회는 유지가 해방 직후에 어떤 중요한 일을 했는가를 보여 주는 중요한 근거가 된다. 총대연합회란 지역유지연합회로서 일제 강점기부터 존재했다. 해방 직후 여운형은 총독부로부터 3개월의 식량을 확보하였다. 건준의 가장 중요한 임무는 이것을 어떻게 잘 분배할 수 있는가 하는 것이다. 건준은 이런 임무를 담당할 수 있는 최일선기관을 일제시대부터 존재하고 있는 총대, 곧 지역유지를 활용하기로 하였다. 여운형도 8월 18일 건준 담화에서 치안유지와 식량배급을 위하여 "기왕에 있는 町里 조직도 활용할 수 있을 것이오."라고 말하였다.[142] 정 조직은 반관반민의 조직으로서 일제시대 일본의 정책을 민간에게 전달하는 임무를 맡았다. 일본은 정 조직을 통해서 치안과 식량배급을 하였다. 건준 역시 정 조직을 통하여 일본으로부터 확보한 식량을 보급하려고 했던 것이다.[143]

서울의 경우 경성 정총대연합회가 8월 19일 모여 자주적으로 연합해서 부민의 치안을 담당하기로 하였고, 건준의 협력기관이 되었다. 아울러서 건준은 각 지역의 치안을 위하여 일제시대 총독부의 방위조직인 경방단을 활용하도록 했다.[144] 이렇게 해서 8월 19일 서울 피어선성경학원 건물에서 경성부의 부민의 자치 강화와 자위를 위해서 전 경성 정총대연합회가 만들어졌고, 위원장에는 소완규가 선임되었다. 소완규는 변호사 출신으로 원래 경성 정총대로서 활동하였고, 해방 후에는 미군정청의 사법부 차장을 지냈다.[145]

우리는 여기에서 경성 정총대연합회에 모인 사람들이 바로 유지들이라는 점에 주의해야 한다. 해방 후 서울은 정치의 중심이었으며, 당시 혼란한 가운데 가장 중요한 일은 식량의 보급이었다. 이 식량보급을 누가 주관하는가 하는 것은 매우 중요한 일이다. 그런데 건준은 이 일을 경성의 유지자들인 정총대에게 맡겼던 것이다. 당시 상황에서 건준이 식량보급을 맡을 만한 다른 조직을 갖지 못했기 때문일 것이다. 이런 점에서 본다면 해방 이후 곧 바로 유지들을 중심으로 한 민족주의 세력이 급속하게 부상하고 있음을 알 수 있다.

이것은 해방 직후 계급의 갈등을 강조하고, 인민의 분노를 강조하며 혁명을 통해서 문제를 해결하려는 좌익들과는 근본적으로 다른 운동이었다. 경성 정총대연합회는 좌우의 갈등이 심각했던 9월 21일에 자신들의 임무에 대해서 "훌륭한 국체는 뿔뿔히 흐터진 영웅적인 행동이나 진부한 이론으로 만들어지는 것이 아니라 반석과 가치 확고한 민중의 일상생활을 토대로 하여 싹이 터나는 것이니 백만 경성시민은 일상생활의 혼란을 혼란시키는 일이 업시 오직 조선사람의 하나로서 마껴진바 직책과 가사에 정진하자고 소완규와 유지들의 협력으로 결성된 것"이라고 설명한다.[146] 여기에서 강조되는 말은 일상생활이며, 조선사람이 하나로서 혼란이 없을 것, 그리고 유지들의 힘이다. 이것은 해방정국에서 감옥에서 나온 좌익들이 주장하는 것과는 다른 것이었다.

식량문제와 더불어서 중요한 것은 치안문제이다. 원래 엔도 정무총감은 여운형에게 치안을 도와 달라고 부탁하였다. 하지만 건준은 치안을 넘어 정부조직에 나섰고, 여기에 총독부는 강력한 제지를 하였다. 아울러서 일본 본국으로부터 정권을 연합국에 인계해야 한다는 전문이 도착하였다. 이런 상황에서 건준은 치안권을 확보할 수 없었다. 경찰이 건준에 협조하지 않기 때문이다. 이때 새로운 변수가 등장하였다. 총독부는 자신들이 다시 직접 치안을 담당하겠다고 나섰다. 이런 상황 가운데서 건준은 새로운 치안 지침을 만들었다. 그것은 지방유지가 중심이 되어 학생들을 동원하고, 기존의 경방단을 활용하라는 것이다. 그리고 명칭은 "건국○○읍(면) 공안대로 하되, 각기 지방유지가 중심이 되어 청년층 학도를 동원하든지, 종래의 경방단을 개편 조직하여도 무방하겠다."는 것이다.[147] 노동자, 농민이 주도하는 세상을 만들겠다는 공산주의자들이 지방유지를 중심으로 사회를 이끌어 가겠다는 것은 타당하지 않다.

지역조직을 통한 치안유지는 이런 공식적인 지시 이전에 자발적

으로 생겨났다. 『매일신문』 8월 18일자에는 충북 제천의 상황을 다음과 같이 설명하고 있다.[148]

머칠 전에 군내 유지들이 전부 한자리에 모여서 민심안정대책을 협의한 결과 청년층과 그 밖에 각 방면 사람들로서 자치치안 유지회를 조직하고, 민심을 안정시키기에 전력을 다하고 있으며, 종래 경방단원들도 제1선에 나서서 요소마다 경비를 하여 민심이 극히 안온하다. 이 밖에 시골 각처에는 유지들이 파견되어 직접 면민들을 지도하고 있어서 군내 전체로 일사불란한 치안상태를 유지하고 있는 현상이다.

이것은 단지 충북 제천만의 일은 아닐 것이다. 미군 진주 후 서울에서 밀려난 공산주의자들이 각 지역으로 파송되기 전에는 지역의 유지들이 주도권을 가지고 치안을 유지했다. 이것은 매우 자연스러운 일이다. 해방공간에서 유지들이 어떤 역할을 했을까는 우리가 밝혀야 할 중요한 과제이다. 건준 치안국에서 사무국장으로 일했던 정상윤은 해방 직후 미군이 진주하기까지의 약 25일 동안 큰 사고가 없었던 것은 건준 치안국의 힘이 아니라 "해방의 기쁨에서 오는 국민의 자율성"이라고 말하고 있다.[149]

해방공간에서 유지들은 치안유지와 식량배급 외에 또 다른 중요한 역할을 하고 있었다. 그것은 해외에서 돌아오는 동포들을 돕는 일이었다. "중국, 일본, 만주 등 각처에서 거리에 방황을 하며 형언키 어려운 고초를 겪고 있는 동포들이 수백만이나 되는 형편이므로 이들 곤경에 빠져 있는 동포들을 구원하고자 8월 31일 오후 1시 경성부 수송동 중동학교 대강당에서 유지 다수 참석하여 조선재외전재동포구제회 창립총회를 개최하였다. 이 회에는 돈이고, 물건이고 힘닿는 대로 유지들의 기부금을 거두기로 되었다." 임원으로는 유억겸, 부위원장 소완규, 김상돈 등이며, 여기에는 송진우, 안재홍, 조만식과 같은 유명한 민족주의자들과 이용설, 김활란, 김관식, 양주삼, 윤하영, 최석모와 같은 기독교인들이 눈에 띈다.[150] 우리는 여기에서 다시금 유억겸의 이름을 보게 된다. 아마도 그는 총독부의 요청으로 기독교계를 대표해서 다양한 방법으로 해방 후 건국사업에 참여하고 있었던 것 같다. 소완규는 부회장으로서 민족주의자들과 함께 활동하였고, 자신이 주도하는 정총대연합회를 통하여 각 반장을 통하여 모금하여 구제회로 송금하였다.[151]

건준이 치안문제로 고민하고 있을 때 강락원과 유억겸이 치안을 맡겠다고 나선 것이다. 강락원은 연희전문의 체육교수였고, 일제시대 친일논쟁에 휘말린 사람이다. 유억겸은 이미 여러 차원에서 활동하고 있었다. 안재홍은 이것을 수용하였다. 이것은 여운형 중심의 건준에 새로운 바람이 부는 것이다. 하지만 이것을 여운형이 수용할 수 없었다. 왜냐하면 여운형은 YMCA 체육부 간사였던 장권을 중심으로 건국 치안대를 만들었고, 이것은 건준의 공식적인 기구로서가 아니라 여운형의 직속단체로서 활동했다. 이것이 건준 산하단체가 된 것은 9월 2일이었다.[152] 만일 유억겸과 강락원의 치안대를 허락한다면 이것은 장권의 단체와 갈등을 빚는 것이다. 따라서 여운형은 이것을 허락하지 않았다. 여기에 여운형과 안재홍의 갈등이 있었고, 더 나아가서 건준을 둘러싼 깊은 논쟁이 벌어지고 있었던 것이다.

19일은 건준의 역사에서 하나의 분기점이 되는 것 같다. 민족주의자들의 개편 요구는 무시되었다. 당시 민족진영의 한 사람이었던 이인은 19일 밤 도무지 잠을 이룰 수 없었다고 한다. 그는 자기 집에서 함께 건국방안에 대해서 논의하는 동료 조병옥과 원세훈을 깨워서 "건준 쪽에서 감히 그런 짓을 하는 것은 조직이 없는 우리를 소매긴 친구라고 무시하기 때문"이라고 말하고, 당을 조직하자고 했다. 이인의 주장에 의하면 이 대화가 해방 후 민족주의 진영의 가장 큰 정당인 한민당을 만드는 계기가 되었다는 것이다.[153]

건준이 이렇게 시끄러울 때 8월 21일 정백, 고경흠, 윤형식 등이 건준 경성지회를 만들었다. 필자는 이것이 아마도 급진 공산세력과의 갈등에서 나온 것이 아닌가 생각한다. 8월 20일 박헌영은 조선공산당 재건준비 위원회를 열었고, 이들은 "무조건적 총망라론과 불순분자배제론"이라는 새로운 프레임을 만들어서 반대파를 공격하기 시작하였다. 여기에서 이들에 불만을 품은 세력들이 건준 경성지회를 만들었다고 생각된다. 여기에 주축이 된 인물이 정백 등이다. 정백은 장안파의 중심인물로 박헌영과 대립하고 있는 인물이었다. 이 사람들은 심지어 여운형과도 상의하지 않고 건준 경성지회를 만들었고, 이것은 여운형이 건준을 장악하지 못하고 있는 것으로 해석되었다.[154]

4장

건준의 2차조직과
선언문의 내용분석

이 같은 상황 가운데서 8월 22일 건준 2차조직이 이루어졌다. 이 2차조직의 가장 중요한 특징은 지금까지 배후에 있던 건준 내부의 공산주의자 세력들이 전면에 나서기 시작했다는 것이다. 이들은 주로 건준의 기획처를 중심으로 활동했는데, 그 핵심적인 인물들이 바로 최용달, 이강국, 박문규 등이다. 이들은 건준이 우파로 개편되려는 것을 강력하게 반발했고, 이런 과정에서 이들이 건준의 전면에 나선 것이라고 생각된다. 이외에도 22일 개편에는 건국동맹에서 함께 활동했던 공산주의자와 여운형 직계들이 대거 참여하였다. 원래 건준을 확대개편하려고 하였지만 사실 그 내용은 더욱 여운형 직계와 재건파 공산주의를 강화하는 방향으로 나갔다. 다음 표를 보면 건준의

부서	1차(8월 17일)	2차(8월 22일)
위원장	여운형	여운형
부위원장	안재홍	안재홍
총무부	최근우	최근우
조직부	정백	정백, 윤형식
선전부	조동호,최용달	권태석, 홍기문
무경부(치안부)	권태석	최용달, 유석현, 장권, 정의식
재정부	이규갑	이규갑, 정순용
식량부(양정부)		김교영, 이광
문화부		이여성, 함상훈
교통부		이승복, 권태희
건설부		이강국, 양재하
기획부		김준연, 박문규
후생부		이용설, 이의식
조사부		최익환, 김약수
서기국		고경흠, 이동화, 이상도, 최성환

참고1 : 기획처 명단 이만규, 이여성, 함봉석, 김오성, 양재하, 김세용, 이강국, 박문규, 이상도, 이정구, 최근우, 장 권, 조용세, 김재용, 이동화, 오운길, 오재일(17명)

참고2 : 실질적으로 참여하지 않은 우파인사 명단 김준연, 김약수, 함상훈, 홍기문(4명)

건준의 2차조직 상황

출처: 이만규, 『여운형선생 투쟁사』, p.188, p.202; 민주주의민족전선, 『조선 해방 일년사』, p.80, p.82.
*밑줄은 건준의 기획처 출신 인사들이며, 가운데 줄은 명단에는 있지만 실제로는 참여하지 않은 인사들임.

기획처 인사들이 2차조직에 어떻게 참여하는지를 보게 된다.

건준의 개편에도 불구하고 건준의 문제는 여전히 증폭되어 갔다.

미군의 진주가 임박하고, 총독부는 연합군에게 정권을 인계해야 하기 때문에 건준의 역할을 제한하기 시작하였다. 총독부는 구체적으로 8월 25일까지 건국준비위원회라는 명칭을 떼라고 압력을 넣고 있었다. 또한 임시정부를 환영하기 위한 모임이 조직되면서 소위 임정 봉대설이 증대하고 있었다. 그래서 8월 23일 밤 건준 간부들이 모여서 "적과 단호 투쟁할 것과 지하로 잠입할 것과 건준의 진로를 인민에게 표명할 것을 결의하고" 성명서를 작성했던 것이다. 이것은 며칠 전의 분위기와는 완전히 다른 것이다. 며칠 전에는 민족주의자들은 건준의 "좌익혁명 진영에 한 다리를 들여 놓으려 하였다." 하지만 이제는 오히려 건준이 "지하로 잠입할" 비장한 결심을 해야 하는 상황에 이른 것이다. 건준이 만들어진 지 불과 1주일 남짓한 상황이었다.

이런 상황에서 8월 25일 여운형은 서울로 돌아왔고, 건준의 선언문과 강령을 발표하였다. 23일 작성을 시작한 성명서는 이만규의 주장에 의하면 25일 발표되었다고 되어 있고, 성명서의 날짜는 28일로 되어 있으며, 이것이 신문에 발표된 것은 9월 2일이었다.[155] 이만규는 이 성명서와 강령을 "거의 그(여운형)가 직접 썼다고 할 만큼 수정하였다."고 밝히고 있다.[156] 이것은 당시 건준을 주도하던 공산주의자들과 여운형이 상당한 갈등이 있었음을 암시하지만 다음의 내용이 보여 주듯이 이 두 세력은 근본적으로 국가건설에 대해서 같은 인식을 하고 있는 것이다.

여운형의 선언문 내용은 해방의 역사적 의의를 설명하고, 곧 이어서 당면한 두 가지 문제에 대한 대답을 제시하고 있다. 첫째는 건국의 주체에 관한 것인데, 그것은 "국내의 진보적 민주주의적 여러 세력의 통일전선"이라는 것이다. 건준은 바로 진보적 민주주의 정권을 만들기 위한 단체이며, 이것을 위하여 각계각층에 개방된 통일기관이지만 동시에 결코 혼잡된 협동기관은 아니라는 것이다. 혼잡된 기관이 아니라는 것은 "일본제국주의와 결탁하여 민족주의적 죄악을 범"한 단체들을 제외해야 한다는 것이다.[157]

아마도 이것은 송진우와 그 동료들을 지칭하는 말이라고 생각한다. 만일 그렇다면 여운형은 왜 그를 건준으로 초청하려고 했는가? 만일 아니라면 과연 이것은 누구를 가리키는 말일까? 여기에 여운형의 갈등이 있는 것이다. 한편으로는 송진우와 협동하기를 원하면서, 다른 한편으로는 급진 공산주의자들과 같이 배타적인 자세를 갖고 있다.

그러나 이것보다도 더욱 중요한 것은 진보적 민주주의라는 단어이다. 여운형의 이념을 가장 잘 표현하고 있는 것이 바로 진보적 민주주의이다. 그러면 진보적 민주주의란 무엇인가? 여운형은 후에 인민당을 만들면서 인민당의 이념을 진보적 민주주의라고 규정했다. 그리고 이것을 설명하면서 한민당은 자산계급을 대표하는 계급정당이며, 조선공산당은 무산계급을 대표하는 계급정당이라고 설명하면서 인민당은 노동자, 농민, 소시민, 자본가 지주까지도 포함하는 전 인민을 대상으로 하는 대중정당이라고 설명하였다. 물론 여기에서 모든 계급이 동일한 것이 아니라 노동자와 농민이 중심이 되어야 한다. 이런 점에서 그는 인민당을 좌익 중간당이라고 설명한다. 하지만 인민당이 목적하는 것은 "무산계급사회의 실현"에 있으나 아직 현실이 이것을 충족시킬 만한 단계에 이르지 못했으므로 "현실과업 수행 중에 있어서는 가장 전위적이라는 것을 명심해야 한다."고 밝히고 있다. 이것은 제7차 코민테른이 강조했던 인민전선을 그대로 받아들이고 있는 것이다.[158]

두 번째는 건국의 방법에 관한 것인데, 이 정권은 "전국적 인민대표회의에서 선출된 인민위원으로써 구성될 것이며, 그동안 해외에서 조선해방운동에 헌신하여 온 혁명투사들과 특히 그 지도자들에 대하여는 적당한 방법에 의하여 전심적으로 마지하여야" 한다고 말하고 있다.[159] 여운형의 이런 입장은 초기의 그의 입장보다는 약간 완화된 것이다. 초기에는 국내에 있던 혁명세력이 주체가 되고, 그 다음에 해외의 독립운동가들을 영입해야 한다고 주장했다. 하지만 근본적으로 내용은 변화하지 않았다. 여전히 그는 노동자, 농민을 주축으로 하고, 여기에 소시민과 민족 부르주아가 가담하는 인민위원들이 중심이 되어야 한다고 생각한 것이다. 여기에서 말하는 인민위원이란 모든 국민을 대표하는 대표자가 아니라 인민전선을 대표하는 것이다. 다시 말하면 여운형은 일제 말부터 새로 세워지는 나라는 인민이 중심이 되는 인민공화국을 꿈꿨던 것이다. 이것이 그가 급진 공산주의자들과 함께 건국동맹을 이끌어 가면서 구상했던 내용일 것이다.

5부

■

전선의 형성:
대한민국 임시정부와
조선인민공화국

1장

건준 내의 불화와
건준 약화과정

8월 22일 건준의 2차조직 개편 이후로 건준은 보다 본격적인 싸움에 들어섰다. 먼저 국제적인 상황에서 보면 소련의 진주가 사실이 아니고, 미국의 진주가 사실로 드러나고 있으며, 국내적으로 보면 일본은 건준을 불신하며 연합군이 오기를 기다리고 있고, 이런 상황에서 많은 사람들은 건준에 대한 희망을 버리고 민족주의 진영으로 집결하고 있었다. 이것은 처음에 건준을 재조직하려고 했던 사람들이 이제는 건준을 탈퇴해서 새로운 정치를 하려고 하는 상황을 만들었다. 이것은 건준 내부에서 급진파 공산주의자들이 민족주의자들이 들어오는 것을 반대하는 상황과도 맞물려 있는 것이다. 심지어 일부 공산주의자들도 급진 공산주의자들과 거리를 두게 된다.

이것은 널리 알려진 대로 공산주의 내의 재건파와 장안파 사이의 싸움을 보여 주고 있는 것이다. 우리는 여기서 해방 후 장안파와 재건파의 형성에 대해서 살펴볼 필요가 있다. 해방 직후 지금까지 활동하던 공산당 각파는 장안빌딩에 모여서 회의를 했다. 여기에는 이미 전향서를 쓰고 공산당 활동을 포기한 사람, 일본인이 제공해 주는 직장에서 안일한 삶은 산 사람 등이 포함되어 있고, 그래서 실질적으로 공산당이라고도 할 수도 없는 사람들이 많이 포함되어 있었다. 이 모임은 조선공산당의 재건을 선언했다. 사람들은 이들이 종로 장안빌딩에서 모였기 때문에 속칭 장안파 공산당이라고 한다. 초기 건준에 참여했던 공산주의 인물들은 대체로 여기에 속한다. 정백과 조동호가 그 대표적인 예이다.

하지만 18일 새로운 인물이 나타났다. 그가 바로 박헌영이다. 박헌영은 경성 콤그룹을 이끌었고, 일제 말 모진 박해 가운데서도 전향하지 않았던 대표적인 공산혁명가이다. 따라서 공산주의 그룹에서 그의 이름은 거의 신화적인 존재였다. 박헌영은 장안파 공산당이 조직되었다는 이야기를 듣고 분노했다. 그들은 "아무런 준비 없이" 조선공산당을 조직하였으며, "그들은 흔들림이 없이 오래전부터 지하운동을 진행하고 있는 충실한 공산주의자들의 믿음직한 그룹이 있다는 것을 알면서 이렇게 행동하였던 것이다."[160] 따라서 박헌영이 나타났을 때 많은 사람들은 장안파에서 이탈하여 박헌영 계열로 옮겼고, 사람들은 이들을 재건파라고 불렀다. 이들과 함께 활동했던 사람들이 바로 여운형과 함께 일하던 소장파 공산주의자들이다. 그 대표적인 인물이 바로 최용달, 이강국, 박문규 등이다. 이들은 건준의 기획처를 중심으로 활동하였다. 이들은 박헌영을 추종하였고, 이들은 공산주의를 재건했다고 해서 재건파로 불렀다. 이들은 원래 여운형의 노선보다는 박헌영의 노선에 더욱 충실한 사람들이다. 이들은 건준 자체가 자신들과 여운형의 통일전선이라고 생각한다.

이렇게 재건파가 형성되는 과정에서 박헌영은 소위 청류·탁류론을 내세워서 일제 강점기 타협한 사람과 그렇지 않은 사람을 나누고, 타협한 사람들을 배척하는 숙청작업을 진행하였다. 이것이 20일을 전후해서, 그리고 그 이후에 계속되었던 공산주의 내부의 갈등이었다. 이런 과정에서 건준에 가입했던 초기 간부들은 탁류로 공격을 받았고, 결국에는 반박헌영 노선에 서게 되었다. 그리고 재건파가 건준을 장악하게 되자 이들은 건준에서 추방되거나 탈퇴하였다. 아마도 이것이 건준의 성격을 변화시키는 데 결정적인 성격을 가져다주었다. 다시 말하면 건준에서 온건한 민족주의자인 안재홍만 배척되는 것이 아니라 더 나아가서 장안파 공산주의자들도 추방되는 것이다. 뒤에서 보겠지만 2차부터 조동호의 이름이 보이지 않고, 3

차 개편에는 정백 등의 이름이 나오고 있지 않다. 정백은 지도부와 상의하지도 않고 독자적으로 건준 경성지회를 만들기도 했다. 이것은 정백이 지도부와 심한 갈등을 빚고 있다는 것을 뜻한다. 결국 건준에는 여운형의 직계와 재건파로 불리는 박헌영계가 남게 되었다. 이것은 재건파의 승리가 아니라 오히려 공산주의 세력을 축소시키고, 결국에 가서는 그들이 세운 인민공화국을 지탱할 수 없게 만든 것이다. 박헌영은 자신의 계파를 지키기 위해서 투쟁했지만 결국에는 자신의 무덤을 판 것이다.

건준 내에서 장안파와 재건파가 갈등을 빚고 있을 때 안재홍은 다시 한 번 건준을 재편하려고 시도했다. 우리는 이미 위에서 8월 19일 열리기로 한 전국유지자대회가 공산주의자들의 반대로 열리지 못했음을 말했다. 안재홍은 8월 23일 그의 동료인 권태석과 함께 백관수와 이인을 찾아와서 건준 내부 사정으로 전국유지자대회를 개최하지 못한 것을 유감으로 생각한다고 하면서 전일에 합의한 확대위원을 건준에서 추천하되 서울 시내에 있는 명사들로 한정하자고 하였다. 권태석은 안재홍과 함께 신간회 활동을 했던 사람이다. 안재홍은 "이 즈음에 있어서 신간회 이래 구우이던 권태석 씨도 협동공작에 진력한 것은 특기할 만하다."고 말했다[161] 여기에 대해서 김병로, 백관수, 이인, 박명환, 김용무, 박찬희, 김약수 등 민족주의자들은 동의를 하였다. 8월 25일, 이 문제에 대해서 보다 본격적으로 논의하여 62명의 확대위원을 만들었으나 건준 측에서 여기에 73명을 더욱 추가하였고, 여기에 대해서 민족진영에서 5명을 첨가하였다. 이렇게 해서 135명이 확정되었다. 135명의 명단은 회의소집 광고와 함께 『매일신보』 9월 1일자에 나오고 있다. 여기에는 이 모임을 제1회 건준위원회라고 보도하고 있다.[162]

안재홍은 이 문제를 가지고 여운형과 상의하였다. 여운형은 이 문제가 다시금 건준에 커다란 파문을 가져올 것이라고 생각하였다. 공산주의자들의 투쟁전략에 있어서 가장 중요한 것은 프롤레타리아 헤게모니 선취론이다. 모임을 구성할 때 프롤렐타리아가 주도권을 가질 수 있도록 만들어야 한다는 것이다. 따라서 새로운 확대위원회는 이런 좌익의 주도권을 장담할 수 없는 상황이 되는 것이다. 또한 여운형은 자신은 관계없다고 생각했다고 이만규는 말하고 있지만 사실은 자신도 노동자와 농민, 곧 인민이 주도하는 인민전선을 만들기 위해서는 프롤레타리아 헤게모니가 필요한 것이다. 여기에 대해서 『조선 해방 일년사』는 솔직하게 "소위 중앙위원회 확대인 138명의 발표(9월 3일)는 여 위원장과 공산주의계 간부들의 동의가 없이 안 부위원장의 독단으로 진행되어 기회주의적인 소뿔조아층이 다수를 차지한 위기가 발생하였다."고 말하고 있다.[163] 여운형은 여기에 찬성할 수 없었다. 그래서 그는 안재홍에게 타협안으로 확대위원에게 "의견 제출권만 주고 결의권을 주지 말 것"을 제안하였다. 결국 좌파의 주도권을 확보하겠다는 것이다. 안재홍과 민족주의자들이 여기에 동의할 수 없을 것이다. 결국 이 문제는 여운형과 안재홍의 사이를 더욱 벌어지게 만들었다.[164] 우리는 여기에서 여운형의 또 다른 모습을 볼 수 있다. 그것은 송진우의 영입에 대해서 적극적인 모습을 보이던 여운형이 확대위원회에 대해서는 소극적으로 대하는 것이다. 아마도 그 이유는 송진우가 개인적으로 오는 것과 확대위원회를 통해서 집단적으로 오는 것은 다르다고 생각할 수 있다. 송진우가 개인적으로 올 경우 조직의 힘으로 그의 영향력을 제압할 수 있지만 집단적으로 조직이 개편될 경우 좌파의 우위를 확보할 수 없기 때문이다. 여기에서 여운형은 근본적으로 좌파라는 것을 알 수 있다. 그는 송진우를 인민전선의 일환으로 필요한 것이지 진정한 좌우합작의 민족전선을 원한 것은 아니라고 생각한다.

여운형과 안재홍 사이에는 갈등이 커졌다. 결국 여운형은 8월 31일 밤에 집행위원회를 소집하여 사표를 제출하였고, 여기에 각부 부장들과 함께 총사직을 단행했고, 아울러서 안재홍도 사표를 제출하였다. 8월 말 건준은 매우 혼란된 상황이었다. 그리고 이 문제는 9월 2일에 열리는 확대위원회에서 처리하기로 하였다.[165]

이런 상황 가운데 매우 중요한 일이 벌어지고 있었다. 그것은 안재홍이 몇 번의 과정을 통하여 건준을 개편할 수 없다는 것을 알고 자신이 새로운 당을 만들기로 작정했다는 것이다. 그리하여 9월 1일에 국민당이라는 새로운 당을 만들었고, 안재홍은 여기에 당수로 추대되었다. 이 당의 이념은 임시정부를 절대 지지한다는 것이었다.[166] 이것은 안재홍이 더 이상 건준의 주류와 함께 할 수 없다는 것을 의미하는 것이다.

건준은 9월 2일 대신 9월 4일에 열리게 되었다. 135명으로 구성된 확대위원회는 열리지 못하고, 과거 임원인 35명이 모인 가운데서 사직 건은 처리하게 되었는데, 위원장과 부위원장의 사표는 18대17로 반려되고, 허헌을 새로운 부위원장으로 선임하였다. 허헌은 일찍이 신간회에 좌파 대표로 참여했던 사람으로서 앞으로 좌익의 노선에서 활동할 사람이다. 하지만 안재홍은 더 이상 건준에 관여하지 않고 탈퇴하였다. 그리고 건준은 소위 3차 개편을 단행했는데 안재홍계와 소위 장안파계가 대폭 물러나고, 여운형의 측근과 박헌영계라고 불리는 재건파만 남게 되었다. 안재홍, 정백, 권태석, 이규갑과 같은 인물 등은 물러가고 여운형과 그 측근, 그리고 최용달, 이강국, 박문규와 같은 급진 공산주의 인물들은 여전히 건재했다.

원래 건국준비위원회는 건국동맹을 기초로 해서 만들어졌다. 건국동맹은 여운형과 조동호를 비롯하여 그 주변의 공산주의자들이 협력하여 만들었다. 그리고 여기에 건맹원은 아니었지만 최용달, 박문규, 이강국 등 "혁명적 동지관계"였던 급진적 공산주의자들이 있었다. 여기에 해방 당시 정백을 비롯한 공산주의자와 안재홍을 중심으로 한 온건파 민족주의자들이 가담하였다. 정백과 조동호는 반박헌영 계열이며, 최용달 등은 박헌영 계열이었다. 따라서 초기 건국준비위원회는 급진적 공산주의(박헌영계), 온건파 공산주의(장안파), 사회주의(여운형계), 민족주의(안재홍계)로 나눌 수 있다. 여기에 여운형은 송진우를 비롯한 주류 민족주의자를 포함하려고 했지만 실패

탈락된 사람들	남아 있는 사람들	추가된 사람들	초기 기획처 인물
안재홍, 김도연, 정백, 권태석, 홍기문, 아규갑, 정순용, 김교영, 함상훈, 이승복, 김준연, 아용설, 이의식, 김약수, 이동화*(15인)	여운형, 최근우, 이강국, 이상도, 이여성, 양재하, 최용달, 유석현, 정의식, 장권, 이병학, 윤형식, 최익환, 고경흠, 이 광, 김세용, 권태휘, 박문규, 최성환, 정화준(20인)	허 헌, 김규홍, 함병업, 이종수, 박용칠, 이정구, 정구충, 이경봉, 오재일, 김형선, 이순근, 정처묵(11인)	*이만규, 이여성, 함봉석, 김오성, 양재하, 김세용, 이강국, 박문규, 이상도, 이정구, 최근우, 장 권, 조용세, 김재용, 이동화, 오운길, 오재일(17명)*
가운데 줄이 있는 이름은 1차 간부	밑줄 친 이름은 초기 기획처 인물		이탤릭체로 된 이름은 건준에 참여하지 않은 인사

3차조직 개편에서 탈락자, 남아 있는 자, 추가된 자의 명단

출처: 민족주의민주전선, 『조선 해방 일년사』, p.85; 이만규, 『여운형선생 투쟁사』, pp.221~222.
*이동화는 건맹의 일을 위해서 빠졌다고 함. 이정식, 「여운형과 건국준비위원회」, p.72. 참조.

부서	1차(8월 17일)	2차(8월 22일)	3차(9월 4일)
위원장	여운형*	여운형	여운형
부위원장	안재홍	안재홍	안재홍, 허헌
총무부	최근우	최근우	최근우, 전규홍
조직부	정백	정백, 윤형식	이강국, 이상도
선전부	조동호, 최용달	권태석, 홍기문	이여성, 양재하
무경부(치안부)	권태석	최용달, 유석현, 장권, 정의식	최용달, 유석현, 장권, 정의식, 이병학
재정부	이규갑	이규갑, 정순용	김세용, 오재일
식량부		김교영, 이광	이광, 이정구
문화부		이여성, 함상훈	함병업, 이종수
교통부		이승복, 권태희	김세용, 오재일
건설부		이강국, 양재하	윤형식, 박용칠
기획부		김준연, 박문규	박문규, 이순근
후생부		이용설, 이의식	이구충, 이경봉
조사부		최익환, 김약수	최익환, 고경흠
서기국		고경흠, 이동화, 이상도, 최성환	최성환, 정처묵, 정화준

건준의 간부들의 변화상황과 건맹 관계자들의 참여

출처: 민족주의민주전선, 『조선 해방 일년사』, p.85; 이만규, 『여운형선생 투쟁사』, pp.221~222.
*밑줄 친 이름은 원래 건맹과 관련된 사람들임.

했다. 하지만 세월이 지나가는 동안에 박헌영 계열이 주도권을 독점하면서 장안파와 안재홍 계열을 사라지게 되었고, 여운형과 박헌영 계열만 남게 되었다.

결국 이 문제는 건준 내부에서 심각한 내분을 가져왔다. 9월 초에 작성된 삐라에 의하면 안재홍, 정백, 권태석, 윤형식 등을 비판하는 내용들이 들어 있다. 이들 중 안재홍과 권태석은 확대위원회와 관련 되어 있고, 정백과 윤형식은 건준 경성지회와 관련되어 있다.[167]

배신과 음모와 배역, 반동의 총 지휘자 안재홍의 용서할 수 없는 죄상 을 통열히도 백일하에 폭로되었다. (중략) 여씨가 건강 부조(不調)로 팔당에 휴양한 것을 기회 삼어, 건준 위원을 독자적으로 지명 결정하 였으니 음모의 죄상이 명백하다. 연중 그 위원 중에는 공산주의자로 가장한 정치 부로커 정백과 일본제국주의의 주구 권태석이란 간악배 들이 주요한 자리를 점령하였던 것이다. 양자는 곳 안의 견마지충하 는 충복인 동시에 가장 신망이 두터운 모사였으니 반역의 죄상이 분 명하고, 이들의 과거는 대중이 잘 아는 바이다. 특히 정백과 권태석은 사변전의 윤형식, 이승복 배(輩)의 손을 잡고 일본제국주의와 의식적 으로 야합하여 만일의 요행을 기대하고 내선협회를 조성하였으니 현 명한 대중은 安일당의 반동 죄상을 증명할 수 있는 것이다.

안재홍은 일제 강점기 오랫동안 옥살이를 한 애국지사이며, 윤형 식도 해방이 되는 날 감옥에서 출옥하였다. 아무튼 우리는 여기에서 좌파 공산주의자들이 자기들의 대적자들에게 어떻게 공격하는지를 알 수 있다.

우리는 여기에서 여운형과 재건파 공산주의가 좌파연합전선으로, 그리고 안재홍, 장안파 공산주의, 민족주의 계열이 우파 민족진영으로 새로운 연합전선을 형성하고 있다는 것을 알 수 있다. 원래 건준이 처음 시작할 때 건준은 최용달을 중심으로 하는 급진 공산주의, 장안파 공산주의, 그리고 여운형을 중심으로 하는 온건파 사회주의, 여기에 안재홍을 중심으로 하는 진보적 민족주의가 연합했다. 하지만 건준이 조직된 이후에 송진우 계열의 민족주의자들과 일본 정부가 건준 개편론을 들고 나왔고, 이런 과정에서 개편론을 받아들이자는 그룹과 반대하는 그룹이 서로 갈등하게 되었다. 반대하는 측은 급진 공산주의자들이고(이들은 후에 재건파가 됨), 합동을 지지하는 측은 안재홍과 장안파 사람들이다. 여기에 여운형 계열은 연합을 지지하다가 결국에는 반대에 밀려 급진파와 손을 잡은 것 같다. 결국 위의 네 그룹 가운데 건준의 헤게모니는 급진파가 잡았고, 안재홍과 장안파 그룹은 결국은 건준에서 제외되었다. 이것은 한편으로는 급진파의 승리이지만 결국에는 자신들의 고립화로 이어지게 되었고, 결국은 해방정국에서 패자가 되었다. 하지만 반대로 건준에서 제외된 그룹이 결국에는 임시정부 지지 측으로 돌아서게 되었고, 한민당과 연계하게 되었고, 그래서 민족주의자들의 통일전선은 훨씬 강하게 되었다. 이런 점에서 해방정국은 민족주의자들의 승리라고 말할 수 있다.

2장

임시정부 환영을 위한
국민대표회 준비위원회의 결성

해방 후 한국사회의 가장 중요한 이슈는 누가 어떻게 새로운 국가를 만들 것인가 하는 것이다. 이 문제에 대해서 민족주의자들은 임시정부를 영접하여 민주주의 국가를 만들고자 하였고, 건국준비위원회에서는 인민대표자대회를 열어 인민공화국을 만들려고 하였다. 우리는 여기에서 잠시 임시정부에서 새로운 국가건설을 위해서 어떻게 움직이고 있는가를 살펴보려고 한다. 임시정부는 항상 자신들이 유일의 합법적인 정부이며, 따라서 해방의 주체가 되어야 한다고 주장했다. 1944년 조소앙이 기록한 비망록에 의하면 "한국 임시정부는 무엇보다 유일한 합법적인 정부이다. (중략) 어느 때나 또 어느 곳에서나 다른 제2정부가 출현하지 않았다. (중략) 한국 임시정부는 현재 헌법상 규정과 같이 공화주의에 근거하여 국내로 들어간 후 1년 내에 국민대회를 소집하여 정식 정부인원을 선거할 것이다."고 되어 있다.[168] 우리는 여기에서 송진우가 강조하는 임시정부 정통론과 국민대회 소집론을 볼 수 있다. 앞으로 밝혀야 하겠지만 필자는 임시정부와 송진우 사이에는 모종의 연락이 있었을 것이라고 생각한다.

우리는 이미 위에서 임시정부가 종전 후에 한국에서 활동하기 위해서 이미 준비위원을 만들어서 귀국을 준비하고 있었다는 점을 지적한 바가 있다. 동시에 임시정부에서는 연합군을 향하여 자신들이 새로운 정부의 주체가 되어야 한다는 점을 밝혔다. 해방 직전인 1945년 8월 14일 임시정부 외교부장 조소앙은 중국에 있던 미국대사관을 방문하여 다음과 같은 몇 가지를 언급하였다.

"1) 임시정부는 한국 상륙에서 점령군, 특히 미군에 협조하길 원한다는 점, 2) 임시정부는 극동 전역에 산재한 일본군 내 약 100만에 달하는 한국인들의 무장 및 재편성에 미국을 지원하고자 한다는 점, 그리고 3) 한국인 혁명지도자들은 한국정치문제에 관해 발언권을 갖고자 희망한다는 점, 예를 들어 일본, 만주 및 러시아로부터의 수백만 한국인들의 송환문제, 한국 내의 산업시설 처분문제 등을 들었습니다."

아울러서 이들은 현재 한국에서 벌어지고 있는 소련의 영향에 대

해서 우려하고 있다고 말했다.[169]

이것은 당시 중경 임시정부가 한국과 모종의 연락을 하고 있음을 알 수 있다. 당시 8월 8일 소련은 일본에 선전포고를 하였고, 8월 9일부터 한국에 진주하고 있었다. 임시정부는 이런 소련군의 활동을 파악하고 있었던 것이다. 따라서 임시정부는 모종의 채널을 통하여 한국 사정을 알고 있었고, 반대로 한국에서도 임시정부의 소식을 알고 있었을 것이다. 당시 미국의 샌프란시스코와 중국의 중경에서 단파방송을 보내고 있었고, 이것을 통해서 미국 이승만뿐만 아니라 중국의 임시정부에 대해서도 알 수 있었을 것이다. 아마 송진우도 단파방송을 통하여 임시정부의 동향을 파악하고 있었으리라고 생각된다.[170]

해방 직후 1945년 8월 17일 미국의 이승만(주미 한국대표부 위원장)을 통하여 미국 정부에 보낸 공문에 의하면 다음과 같은 내용이 담겨있다.[171]

1) 대한민국 임시정부는 일본 항복에 따른 제반 업무를 적절하게 수행할 것이며, 이를 효과적으로 완수하기 위하여 우리의 임시정부 대표들을 책임 있는 모든 연합국 협의위원회, 또는 협의와 운영협조를 위한 기관들에 파견하고자 한다.

2) 종전 협정의 조인에 따라 우리는 한국과 한국민들의 현재 및 장차 운명에 영향을 미치는 모든 위원회에 참가하기를 희망한다.

3) 다가오는 평화회의 및 국제연합 구제부흥기구 등과 같은 한국문제와 관련되는 모든 공식, 또는 비공식의 회합에 대표를 참가시킬 것을 요청한다.

이렇게 임시정부가 귀국을 준비하며 건국의 주체가 되기를 원하고 있을 때 임시정부 내에 있던 좌파세력들은 임시정부 파괴공작을 하고 있었다. 중일전쟁이 진행되면서 임시정부는 중국 국민당의 요구를 받아들여서 좌우합작을 시도하였다. 임시정부는 한독당을 중심으로 한 우파가 중심이 되지만 여기에 다양한 좌파세력이 결합된 일종의 연립정부가 되었다. 하지만 종전이 예견되자 임시정부 내의 좌파세력들은 임시정부와 임시의정원의 활동 중단을 요구하면서 본격적인 싸움이 벌어졌다. 먼저 8월 13일 좌파세력이 당시 임시의정원의 구성원이 단지 임시정부의 소재지의 한인들만 대표하기 때문에 임시의정원은 해산해야 하며, 이제는 전국 통일적 임시의회에 봉환해야 한다고 주장하였다.[172] 아울러 임시정부 국무위원들도 다 사직해야 한다는 것이다. 하지만 김구를 중심으로 한 민족주의 세력은 이것을 거부하였다. 오히려 27년간 대행하던 임정을 봉환하기 위해서 귀환한다는 결의를 제출하였다. 심각한 싸움이 벌어지고 있는 것이다. 하지만 좌파세력들은 "정부의 형식은 그 아래서 생활하고 있는 인민의 자유의지에 의하여 채택케 한다."는 대서양헌장의 내용을 들먹이면서 임시정부를 해체하고, 임시로 간수 내각을 만들어서 사무 이관작업을 해야 한다고 주장하였다. 그러나 이 같은 양측의 팽팽한 주장에 대해서 당시 좌파계열에 있던 김규식, 장건상, 성주식, 김성숙 등이 이탈하여 그들의 의견에 동조하지 않았기 때문에 임정 해체론은 실현되지 않았다.[173]

당시 중국 국민당 정보당국은 이 같은 임시정부의 상황을 매우 주의 깊게 파악하고 있었다. 임시정부 봉대론이 한국에 친소정부를 세우는 데 결정적인 장애가 되고 있기 때문에 한국의 공산당은 비한독당 계열, 곧 민족혁명당, 신한민주당, 조선민족해방동맹, 조선무정부주의자 총연맹 등으로 하여금 임정을 탈퇴하여 임정을 해산시키고, 귀국하여 공산국가를 만들려고 한다는 것이다.[174] 중국 국민당의 이같은 주장은 일리가 있다. 당시 임정 내의 공산주의 계열은 주은래를 비롯한 중국공산당과 깊은 관계를 맺고 있으며, 이들을 통해서 소련 당국과 관계를 맺고 있었다.[175] 이것은 한국 공산당과 중국 공산당이 밀접한 관계를 갖고 있다는 것을 의미하며, 동시에 임시정부도 국내의 민족주의자들과 모종의 관계를 갖고 있지 않은가 추측해

볼 수 있다.[176]

1945년 8월 30일 임시정부 대표는 중경에 있는 미국대사관에 와서 미 국무성에 다음과 같은 비망록을 전해 달라고 요청했다. 이들은 먼저 현재 자신들의 상황을 간단하게 요약하였다. "대한민국 임시정부를 전복하는 데 실패하자 한국 공산주의자들 및 동조자들은 자기네 당에 대한 충성심을 과시하고 한국 내에서의 사태에 호응할 목적으로 임정으로부터 탈퇴하였다."[177] 이어서 이들은 러시아와 중국의 많은 공산주의자들이 한국에 입국하고 있으며, 특히 연안의 김백연(두봉)은 "한국에 공산주의의 이념에 의해서 정부를 수립하는 것이 그들의 목표라고 천명하였다." 이런 상황에서 지난 40여년 동안 미국식 입헌주의를 신봉하며, 자유를 위해서 싸워온 민족주의자들은 점차 희망을 잃어가고 있다고 지적하였다.[178] 하지만 임정 내의 좌익세력은 실지로 임정을 탈퇴하지는 않았다. 그러나 임정 내에서 이 두 세력 간의 갈등은 계속되었다.

이 문서는 많은 한국의 혁명적 지도자들은 미 점령군과 함께 일하고 싶어 하며, "그들은 한국이 민주주의 국가로 발전할 것인지, 아니면 공산주의 국가로 발전할 것인가의 문제는 미국이 지금 당장 무엇을 하는가에 달려 있다고 믿는다."고 말했다. 만일 미국이 결정을 내리지 못하면 결국 그것은 공산주의자들을 이롭게 하는 것이다. 한

가지 특이한 것은 이들은 현재 북한지역에 기독교가 매우 어려움에 처해 있으며, 따라서 즉각 미국인 선교사를 파송해 주길 원한다고 말하며, 이곳 임시정부의 많은 인사들은 기독교인이라고 밝히고 있다. 이것은 당시 많은 사람들이 미국, 민주주의, 그리고 기독교를 같은 묶음으로 보는 것을 의미한다. 마지막으로 임시정부는 자신들이 미 국무성에 반하는 일은 하지 않을 것이며, 국무성이 한국의 모든 그룹을 공정하게 대하려는 것을 알지만 공산당들이 외부의 도움을 받고 있는 상황을 고려해야 한다고 지적한다. 이것은 단지 미국이 중립을 지켜서는 안 된다는 것을 암시하고 있다.[179]

임시정부가 미국에게 지원을 요청하고 있을 때 소련에서는 임시정부를 반대하는 강력한 의사가 표시되고 있었다. 이승만은 1945년 4월 샌프란시스코에서 열린 유엔창립총회에서 미국이 정치적인 거래를 통하여 한반도를 소련에 넘겨주려 한다고 폭로하였다. 이것은 오래전부터 이승만의 반소적인 경향을 잘 알고 있던 소련으로 하여금 더욱 이승만에 대한 반감을 갖게 만들었다. 따라서 1945년 늦은 여름 소련 간행물들은 "이승만과 같은 반소적인 인물이 정권을 장악할 경우 조선과의 우호관계를 가질 수 없을 것"이라고 주장하였다.[180] 이것은 임시정부도 마찬가지였을 것이다. 왜냐하면 이승만의 구미외교부는 바로 임정 산하단체였기 때문이다. 소련 외무부는 이승만과 김구의 임시정부를 극도로 싫어했다. 이런 일이 있은 다음에 소련은 임정을 "중국 국민당의 주구인 반소 특무기관"이라고 지적하고 비판하였다.[181]

임시정부가 중경에 있는 미국대사관에 자신들의 입장을 밝힌 이틀 후 9월 1일 서울에서는 송진우가 대한민국 임시정부 환영회를 조직하였다. 송진우는 지금까지 사태를 관망하며 기다렸다. 물론 그의 동료들이 건준의 확대개편을 시도했지만 그는 여기에 적극적으로 참여하지 않았다. 그는 당시 공산주의가 건준을 장악하고 있는 한 협동전선은 쉽지 않다고 생각했다. 이렇게 오랫동안 침묵을 하던 송진우가 9월 1일 대한민국 임시정부 환국 환영회를 조직했던 것이다.[182]

9월이 시작되면서 정국은 완전히 새로운 상황으로 바뀌고 있었다. 9월 1일 미국 비행기 B24가 날아와서 미군의 진주를 알리는 삐라를 전국의 주요 도시에 뿌렸다. 여기에는 동요하지 말라는 부탁과 함께 미국은 민주주의 국가라는 것을 밝히고 있다.[183] 9월 2일 연합군사령관 맥아더 원수는 일본 천황으로부터 항복을 받았고, 같은 날 미 제25군단 사령관 하지 중장은 조선민중에게 고하는 포고를 발표했다. 이제 실질적으로 연합군이 한국에 진주하는 것이다. 한국의 대표적인 민족주의자 송진우는 새로운 나라의 건설은 일본과의 협상이 아니라 연합군, 즉 미국과의 협상에서 이루어져야 한다고 강조했다. 미국은 민주주의 국가이며, 민주주의 국가를 만들기 위해서는 미국의 도움이 필요하다고 생각했던 것이다. 이제 바로 그 시대가 온 것이다.

연합군의 한국 진주의 소식과 함께 송진우가 기다리던 소식이 들어왔다. 그것은 9월 3일자로 된 임시정부의 전단이다. 임시정부 주석 김구의 명의로 된 이 전단은 조국의 해방은 선열들의 피와 연합군의 전공으로 이루어진 것이라고 전제하고, 복국, 건국, 치국의 단계를 거쳐서 새로운 나라를 만들 것을 천명하고 있다. 우선 이 전단에는 "최속 기간 내에 곧 입국할 것"이라고 언급하며, 연합군에 협력하며, 각종 국제회의에서 우리의 고유한 발언권을 행사할 것, 임시정부는 과도정부를 수립하기까지의 임무를 행사하며, 정식 정권은 독립국가, 민주국가, 균등사회를 원칙으로 하며, 과도정부 성립 이전에 국내와 국외의 일체 업무를 담당할 것이라고 명시하고 있다.[184] 그러나 흥미로운 것은 임시정부가 8월 31일 중경에 있는 미국대사관에 남긴 비망록에서처럼 공산주의에 대한 노골적인 비판과 미국식 입헌주의 지지를 표명하지는 않고 있다. 아마도 이것은 임정내의 좌익세력과 남한에 있는 좌익을 염두에 두고 온건한 모습을 보여 주려는 것 같다. 이제 남한에서는 연합군의 진주와 더불어서 임정의 귀국이 가장 중요한 관심거리가 되었다.

9월 4일 종로 YMCA 회관에서 대한민국 임시정부 및 연합군 환영 준비위원회를 결성하였다. 사실 8월 17일 반도호텔에서 연합군 및 임시정부 환영을 위한 준비모임을 가졌다. 이렇게 시작한 준비모임이 이제 정식으로 준비위원회가 된 것이다. 위원장에는 3·1운동의 원로 권동진을 추대하였고, 부위원장에는 이인, 사무장에는 조병옥을 선임하고, 각 부서의 인선은 이인, 서정희, 정로제, 김약수, 김도연 등에게 맡겼다. 그러나 권동진은 몸이 아파서 이인이 위원장직을 대리하게 되었다.[185]

이같이 임정환영준비모임이 가시화되고 있을 때 신문에서도 임시정부에 관한 기사가 등장하고 있다. 당시 최대의 신문인『매일신보』는 9월 4일부터 임정에 관한 기사를 보내고 있다. 9월 4일에는 중경임시정부에 관한 소식을 일면에 크게 보도하면서 임정의 조직과 내각의 명단을 싣고 있다. 여기에는 주석 김구, 부주석 김규식을 비롯해서 신익희를 비롯하여 좌익 성향의 김원봉도 소개되고 있다.[186] 다음날인 9월 5일과 6일에는 "새 조선 건설에 해외에서 싸운 투사들"이라는 제목으로 해외에서 싸운 임정의 주요 인물들을 소개하고 있다. 이 기사의 제목은 매우 흥미가 있다.[187] 당시 여운형은 새 조선건설의 주역은 일제하 국내에서 싸운 혁명가들이이어야 한다고 주장하는 데 비해서 신문은 임정의 주요 인사들을 새 조선 건설을 위한 주역으로 소개하고 있기 때문이다. 9월 5일에는 김구를 중심으로, 9월 6일에는 이승만을 중심으로 임정요인들을 비교적 자세하게 소개하고 있다. 이것은 건국이 건준으로 이루어져야 한다고 주장했던 좌익의 주장과는 상당하게 다른 것이다.

이런 상황에서 지금까지 오랫동안 침묵을 지켜 왔던 송진우는 9월 7일 『동아일보』 강당 국민대회 준비모임을 갖고, 연합군과 임시정부 환영준비를 구체화했다. 많은 사람들은 송진우가 왜 그렇게 오랫동안 침묵했는가에 대해서 의아해 한다. 필자의 판단으로는 송진우는 중경 임시정부의 동향에 귀를 기울이고 있었다고 생각한다. 위에서 지적한 대로 임시정부는 존폐를 놓고 싸우고 있었다. 하지만 이미 임시정부에서 좌파의 해소주장이 패배하였고, 우익이 승리했기 때문에 이제 환영회를 열 시점이 되었다고 생각한 것 같다. 하지만 이것보다 더욱 중요한 이유가 있다. 그것은 연합군의 진주가 임박해 왔기 때문이다. 송진우는 총독부와의 타협을 거부하고, 정권을 연합군에게서 받아야 한다고 주장했다. 이제 바로 그 연합군이 진주하는 것이다. 아마도 건준과 민족주의자들 가운데 누가 더 연합군의 인정을 받을 수 있는가가 앞으로의 정국에 중요한 변수로 작용할 것이다. 총독부로부터의 정권인수는 일시적이지만 연합군으로부터의 인수는 항구적이다. 따라서 송진우는 연합군을 따뜻하게 환영해야 한다고 생각했다. 아울러 송진우는 연합군에게 자신들이 국민들로부터 지지를 받고 있다는 것을 보여 주어야 할 필요가 있었다. 연합군, 즉 미국은 민주국가이며, 민주국가는 국민의 의사를 중요하게 생각하기 때문에 국민대회를 통해서 이것을 확인하는 것이 필요하다.

이렇게 발동이 걸리기 시작한 임시정부 환영은 보다 본격적으로 국민대회 준비를 향해 나가게 되었다. 원래 송진우는 해방 후 정권은 국민대회를 열어서 전체 국민의 의사에 의해서 정부가 수립되어야 한다고 생각했고, 임시정부도 국민대회를 열려는 계획을 가졌다. 이것은 국민의 의사를 중요하게 생각하는 민주제도에서는 너무나 당연한 것이며, 임시정부나 중국 국민당에서 오래전부터 해오던 민주적인 방식이었다.

우선 송진우는 국민대회 결성강령을 내세웠다. 1) 연합국에 감사를 드린다. 2) 국민대회를 열어 해내·해외의 민족 총역량을 집결한다. 3) 중경에 있는 임시정부의 법통(3·1운동의 법통)을 지지한다. 4) 보수·진보 두 갈래의 정당을 만들어서 민주주의 방식의 정당정치를 실현한다. 이것은 송진우가 처음부터 강조하였던 국가건설 방향이었다.[188] 미국과 연합하고, 임시정부를 내세우고, 국민대회를 통해서 이것을 인준하며, 민주세력의 주도하에 진보와 보수를 포괄한다는 것이다. 이것이 바로 대한민국의 기원이라고 할 수 있다.

이것과 더불어서 송진우는 구체적으로 이것을 실천하는 국민대회의 첫 사업을 확정하였다. 1) 건준이 좌익의 모체 역할을 한 것과 같이 국민대회는 민족진영의 모체역할을 해야 한다. 2) 해외에서 귀국하는 지사와 동포들을 잘 영접한다. 3) 연합군정에 대하여 국민을 대변한다. 4) 민심 안정과 치안유지에 협력한다. 사실 이것은 해방 직후 건준이 했던 일들을 이제는 국민대회가 하겠다는 것이다.[189] 그리고 이것은 건준이 총독부를 상대로 하여 해방 직후의 주도권을 장악한 것과 같이 이제 연합군의 진주를 앞두고 국민대회가 미래의 정국을 주도해 나가겠다고 나선 것이다. 이렇게 본다면 국민대회는 연합군을 상대로 하여 새로운 협상의 대상이 되겠다는 전략에서 나온 것이다.

드디어 9월 7일 국민대회준비회의가 330명의 발기인의 이름으로 『동아일보』 강당에서 열리게 되었다. 여기에 고문으로는 3·1운동 이후 비타협민족주의의 원로인 권동진, 오세창을 모시고, 위원장에는 송진우, 부위원장 서상일, 원세훈, 총무부 김준연, 조직부 송필만, 정보부 설의식, 외교부 장택상, 지방부 김지환, 조사부 윤치호, 경호부 한남수를 임명했다. 이들 외에도 김동원, 안동원, 최윤동, 이정래, 이

순탁, 고재욱, 강병순, 김지환 등이 참여하고 있고, 실행 책임자로는 송진우, 서상일, 김준연, 장택상, 윤치영, 김창숙, 최윤동, 백상규 등이 일하고 있었다.[190]

9월 7일 발표된 취지서에 의하면 해방은 독립운동을 위해서 투쟁한 지사들과 세계의 평화를 위해서 싸운 연합군의 도움으로 이루어졌다고 전제하면서 경술국치로 나라를 잃었지만 우리의 국혼은 계속 이어졌으며, 이것은 "오늘날 일본이 퇴각하는 이 순간에 있어서 이에 대위(代位)될 우리의 정부, 우리의 국가대표는 기미독립 이후 구현된 대한민국 임시정부가 최고요, 또 유일의 존재일 것이다."고 언급하면서 재중경 임시정부 지지, 연합군 환영, 국민대회 개최 등을 언급하고, 이것을 위해서 대동단결할 것을 호소하였다.[191] 이렇게 해서 송진우는 해방 이후 그가 추진하던 연합군과의 연대, 대한민국 임시정부 환영, 국민대회준비 등 그가 추구하던 계획을 실천했다. 이후의 한반도의 민주세력은 이런 기조 위에서 발전해 나갔다. 이런 점에서 송진우는 해방 이후 혼란한 상황 가운데서 든든한 민주주의적인 방향을 설정했다고 본다.

3장

여운형의 임시정부 비판과
인민공화국의 등장

해방정국에서 가장 중요한 이슈의 하나는 어떤 나라를 세울 것인가 하는 것이다. 먼저 민족주의자들은 국민대회를 열어서 중경 임시정부를 봉대하여 민주국가를 세워야 한다는 입장이라면 공산주의자들은 인민대표자대회를 열어서 인민공화국을 만들어야 한다는 것이다. 여운형과 공산주의자들을 중심으로 한 좌익들이 만든 인민공화국을 설명하기 전에 먼저 여운형이 중경 임시정부를 어떻게 생각했는지를 살펴보아야 할 것이다. 여운형의 중경 임시정부에 관한 생각은 이만규의『여운형선생 투쟁사』에 잘 설명되어 있다.[192]

1) 임시정부는 성질로나 구성으로나 외교로나 자멸할 단체이다.

2) 30년간 해외에서 지리멸렬하게 유야무야하게 있던 조직이니 국내의 기초가 없이 군림하게 될 수 없다.

3) 민주주의 정체는 인민토대 위에 생장하여야 하는 것인데 30년간 해외에서 유랑한 몇 사람들의 의도로 된 정권이 도저히 민주주의 국가를 지배할 수 없다.

4) 그의 정치 이념과 정강정책을 모르고 정부로 환영하는 것은 새 국가를 위하여 위험하다.

5) 국제적으로 승인이 될 수 없다.

6) 미주, 연안, 서백리아, 만주 등지에 혁명단체가 있다. 그 중에는 임시정부보다 몇 배나 크고, 또 실력이 있고, 또 맹활동한 혁명단체도 있는데 그네들의 안중에는 임시정부가 없다. 그럼에도 불구하고 임시정부를 환영한다는 것은 해외혁명단체의 합동을 방해하고 ○○를 조장하는 죄과를 범하는 것이다.

7) 국내에는 그 무서운 일제 테러 밑에서 지하조직을 하고, 지속적으로 혁명운동을 감행하여 혹은 가장도피, 혹은 투옥, 혹은 고문치사, 혹은 옥중병사, 그리고 5년 내지 14~15년간 옥중에 수고한 위대한 혁명가들이 있음에도 불구하고 다만 안전지대에 몸을 피하여 가며 객지 고생만으로 공을 쌓은 혁명가가 많이 섞인 정권만을 환

영하는 것은 혁명의 공적에 대하여 편벽되고, 착오된 인식이니 공
평치 못하여 해외·해내의 혁명세력을 분열시키는 과오를 범하는
것이다.

8) 미국과 소련의 두 나라의 공동 허락이 없이는 입국을 못할 것인 바
양국이 다 허락하지 못할 국제관계가 있다.

9) 중경 임시정부를 환영하는 것은 과거의 혁명공적이 없는 사람의
호가호위의 의미와 건국준비위원회의 정권 수립권을 방해하는 수
단이 된다.

10) 혁명동지를 환영하는 것은 좋다. 그러나 그것도 중경 동지만 환영
하는 것은 안 된다. 해외 동지는 다 같이 환영해야 한다.

일차적으로 여운형은 임시정부를 없어져야 할 단체로 보고 있다.
이것은 1945년 8월 해방 직후 임시정부 내의 좌파와 같은 생각을 갖
고 있다. 이들은 임시정부를 해산하자고 했고, 중국 국민당 정보당
국은 이 같은 주장이 바로 조선공산당의 영향 때문이라고 보았다.
하지만 이런 주장은 김규식과 같은 사람들의 이탈로 인해 이루어지
지 않았다.

여운형은 임시정부가 해외에서 별다른 독립운동을 하지 못했다는
것이다. 하지만 임시정부는 3·1정신을 이어받고 있으며, 이봉창의사

사건을 비롯하여 빛나는 독립투쟁의 역사가 있다. 특히 중경으로 수도를 옮긴 다음에는 대미관계를 강화하고, 광복군을 창설하여 일본에 선전포고를 하고, 해방 직전에는 미군과 협력하여 국내에 진입하려는 구체적인 계획을 했다. 아울러서 1940년대 초부터 건국강령을 만들어서 구체적으로 국가건설을 계획하였다. 임시정부는 해외의 어떤 단체보다 민주주의의 기치 아래 오랫동안 독립운동을 해 왔으며, 이런 점에서 한국 독립운동의 상징이다.

여운형은 임시정부가 소위 "인민토대" 위에 세워야 할 민주국가를 수립할 자격이 없다고 보았다. 우리는 여기에서 여운형이 말하는 인민은 공산주의자들이 오랫동안 말해 왔던 인민전선과 인민정권을 말하는 것이라고 생각한다. 이 점에서 임시정부가 인민에 기초한 인민정권, 곧 공산국가를 세우려고 하지 않는다는 것은 맞다. 오히려 임시정부는 오랫동안 계급을 초월한 서구적인 민주주의를 추구해 왔으며, 이 점은 임시정부가 미국 국무성에 명시적으로 밝힌 내용이다. 임시정부가 균등사회를 강조한다고 할지라도 서구적인 민주주의를 포기한 적이 없다.

여운형은 임시정부가 국제적으로 정부로 인정받기 어렵다는 것을 알고 있다. 미국은 임시정부가 해외에 있기 때문에 한국민을 대표하지 못한다고 생각할 뿐만 아니라 당시 미소관계를 고려하여 임시정부를 승인하지 않고 있었다. 따라서 여운형은 연합군이 임시정부를 지지할 수 없을 것이라고 생각했다. 이것은 부분적으로 사실이다. 하지만 뒤에서 보겠지만 미군은 임시정부의 요인들을 건국의 중요한 파트너로 삼기로 계획했다.

또한 여운형은 임시정부가 오랫동안 해외에 있었기 때문에 국내 기반이 없으며, 따라서 정권을 인수할 수 있는 단체를 만들 수 없다는 것이다. 하지만 이것은 잘못이다. 이미 해방 직전에 한국의 많은 사람들은 임시정부의 존재를 알고 있었고, 따라서 학병으로 중국에 간 사람들은 임시정부로 가서 독립운동에 합세했으며, 국내의 많은 민족주의자들은 임시정부를 중심으로 건국을 해야 한다고 생각하고 있었다. 여기에는 한국의 대표적인 민족주의자 송진우, 조만식, 김창숙, 안재홍과 같은 사람들이 속하고 있으며, 기독교 세력과 천도교 세력도 여기에 가담하고 있었다. 따라서 국내에 기반이 없다는 말은 사실과 다르다.

위의 주장에서 알 수 있는 것은 여운형의 핵심은 국내에서 일제와 싸운 혁명세력이 있기 때문에 이들이 중심이 되어서 새로운 나라를 건설해야 한다는 것이다. 그리고 이 근거 위에서 임시정부는 해외의 여러 세력 가운데 하나로서 받아들일 수 있다는 것이다. 당시 연안, 만주, 러시아에는 공산세력이 있기 때문에 이렇게 될 경우 새로 생기는 나라는 당연히 공산국가가 될 수밖에 없는 것이다.

우리는 이미 위에서 9월 4일 건국준비위원회가 힘겨운 과정을 극복하고 3차조직을 완료하였다는 것을 언급하였다. 8월 말부터 9월 초에 이르는 건준의 과정은 위원장과 부위원장이 사의를 표할 만큼 어려운 것이었다. 그런데 이런 상황에서 9월 6일 밤 9시에 건준은 전국 인민대표자대회를 열어서 조선인민공화국을 만든 것이다.[193] 왜 이렇게 급히 서둘러서 별 준비도 없이 인민공화국을 만들었을까?

우리는 여기에서 몇 가지 이유를 생각해야 할 것이다. 첫째, 여운형과 건준은 오랫동안 인민공화국을 만들 준비를 해 왔다. 공산주의자들은 항상 사회주의 국가를 만드는 것이 목적이다. 일제 강점기 이들은 구체적으로 사회주의 국가를 만들 준비를 했다. 이들이 꿈꾸는 사회주의 국가는 인민에 기초를 두는 인민정권이며, 이것을 위해서는 인민전선을 형성하고, 인민전선을 통하여 인민대표자대회를 열고, 이 대표자대회를 통하여 인민위원회, 곧 인민공화국을 만드는 것이다. 이것을 위해서 이들은 인민전선을 확보하고, 인민대표자대회를 열어야 하는 것이다. 여운형과 그의 동료들은 인민전선을 만들고, 인민대표자대회를 열고자 노력했다. 해방되자마자 이들은 인민대표자대회를 열고자 하였고, 8월 28일자로 되어 있는 건준 성명서에도 인민대표자대회를 열어서 인민위원회를 만들겠다고 밝혔다. 여운형과 그의 동료들은 항상 인민위원회의 조직은 건준의 발전적 단계라고 언급하고 있다. 이것은 이들이 항상 이런 단계를 추구했기 때문이다.

지금까지 많은 학자들은 인민공화국은 여운형이 원했던 것이 아니요, 박헌영의 작품이라고 주장해 왔다. 가장 대표적인 학자로 이정식을 들 수 있다. 그는 "단적으로 말해서 인민공화국의 설립은 박헌영계 공산당에 의한 궁중혁명이었다."고 말하고 있다.[194] 하지만 이것은 사실과는 거리가 있다. 여운형과 박헌영은 다 같이 인민정권을 꿈꾸던 공산주의사상을 갖고 있는 사람이었다. 여운형은 오랫동안 박헌영과 교류해 왔으며 건국동맹 시절부터 경성 콤그룹과 새로운 나라를 구상해 왔다. 비록 통일전선에 누구를 포함시켜야 하는가에 대해서는 그들 사이에 차이가 있었지만 인민정권을 만들어야 한다는 점에서는 일치했다.

해방 직후 여운형과 함께 건준을 만들었던 안재홍에 의하면 여운형과 공산주의자들은 처음부터 노농정권을 만들려고 계획을 했다고 한다. 하지만 안재홍이 여기에 대해서 반대했기 때문에 이것이 지연되었는데 안재홍이 건준을 탈퇴하자 곧 바로 인민공화국을 만들었다는 것이다. 안재홍은 다음과 같이 증언한다.[195]

좌방에서는 일거에 노농정권 수립이라는 의도에서 날카로이 움직이고 있어, 건준 그것이 그야말로 이런 의미의 조각본부 되도록 공작책동을 하고 있었는데, 나는 그것을 단연 반대하여 그 표면화를 방지하고 있었다. 그것이 나의 퇴각을 기다려 9월 6일 밤, 예의 인민공화국이라는 것을 급조함에 미쳤다.

원래 여운형과 공산주의자들은 인민위원회를 만들어서 새로운 나라를 건설하려고 했다. 그래서 지주와 자본가를 제외하고 인민들이 직접 통치하는 국가, 즉 인민정권을 만들려고 한 것이다. 하지만 해방 직후 여운형은 안재홍의 의견을 받아들여서 인민위원회 대신에 건국준비위원회라는 명칭을 받아들였다.[196] 여운형은 해방 직후 민족주의자들과 통일전선을 만들어야 하는 상황에서 인민위원회라는 명칭은 부담스러웠던 것 같다. 하지만 좌익들의 목표는 변함이 없었다. 이들은 인민위원회를 만들어야 그들이 원하는 국가를 건설하는 것이다. 이런 점에서 공산주의자들은 건국준비위원회가 인민위원회, 즉 인민공화국으로 전환하는 것은 "그 사명을 다하는 것"이며, "발전적 해소"인 것이다. 그래서 이들은 인민위원회가 되는 것을 당연히 이루어져야 할 당연한 것이라고 주장하였다.[197]

여운형이 인민공화국을 만든 것은 미군과의 관계에서 보면 결정적인 실수였다. 미군의 정치고문이자 여운형과도 가까운 사이였던 랭던은 여운형이 1920년대에 소련과 관계를 맺고, 공산주의자로 활동한 것에 대해서는 문제 삼기 어렵지만 해방 직후 그가 만든 인민공화국은 미군이 여운형을 근본적으로 공산주의자로 볼 수밖에 없게 하는 것이라고 지적하였다.[198] 여운형은 인민공화국에 대해서 여러 가지 변명을 했지만 미군 당국은 이것을 근본적으로 신뢰하지 않았다.

둘째, 여운형과 공산주의자들은 이미 인민공화국을 만들어 놓고, 이것을 근거로 해서 미군과 협상하려고 했다. 여운형은 "소련군이 먼저 북에 들어와 하는 것을 보고, 미군도 들어와서 꼭 같은 방법을 취하여 행정의 일절을 조선인에게 내어 줄 것으로 알았다."고 말했다.[199] 여운형의 이 같은 생각은 전형적으로 좌익의 입장을 잘 표현해 주고 있는 것이다. 소련과 북한은 오랫동안 북한 인민들이 자치적으로 인민위원회를 조직하고 소련군은 그들에게 정권을 인계해 주었다는 것이다. 따라서 남한에서도 자치적으로 인민공화국을 만들면 미군이 와서 그것을 인정해 줄 것으로 생각했다는 것이다.

그러나 이런 주장은 역사적 사실과는 거리가 멀다. 해방 후 북한에서도 남한과 같이 건국준비위원회가 만들어졌다. 하지만 이들이 추구하는 건국은 서울의 건준과는 달랐다. 평남의 조만식과 평북의 이유필은 다 같이 임시정부 지지자들이었다. 그리고 이들은 다 소련식 공산주의국가를 원하지 않았다. 그럼에도 불구하고 소련은 군사적인 강압으로 프롤레타리아 헤게모니 선취론에 의하여 건준을 공산주의자들에게 유리한 구조로 바꾸고 명칭도 인민위원회로 개칭하였다. 이것은 자발적이 아니라 강제적이었다. 소련은 인민정권을 세우기 위해서 인민위원회를 만든 것이다. 이것은 북한의 모든 건국준비위원회는 8월 말까지 다 인민위원회(평남의 경우에는 인민정치위원회)로 이름을 바꾸었다.[200] 남한의 공산주의자들이 이것을 모를 리 없었다. 따라서 남한의 공산주의자들도 그들의 국가건설계획에 의해서 인민공화국을 만든 것이다.

여운형과 공산주의자들은 분명히 북한에서 소련이 인민위원회를 만드는 것을 보면서 남한에서도 같은 일을 시도했을 것이라고 생각한다. 하지만 이렇게 하면서 미국도 소련과 같이 자치단체에게 정권을 넘겨줄 것이라고 생각했다는 것은 매우 의심스러운 것이다. 오히려 이들의 생각은 인민공화국을 만들어 놓고 미국과 협상해서 자치권을 얻으려고 했을 것이다. 이것은 마치 김일성이 1946년 3월 미소공동위원회를 열기 전인 1946년 2월 미리 북조선임시인민위원회를 만들어서 해방공간에서 자신들의 정권을 미리 선점하려고 한 것과 같은 것이다.

셋째, 현실적으로 여운형과 공산주의자들은 연합군의 진주와 임시정부 봉대론에 쫓기고 있었고, 좌익의 통일전선, 내지는 넓은 의미의 민족통일 전선을 만들 필요가 있었다. 우리는 위에서 보았듯이 9월 초부터 언론은 연합군에 일본이 항복하고, 미군이 서울에 진주한다는 소식을 전하고 있다. 아울러서 중국에서 임시정부가 귀국을 준비하고 있으며. 또한 국내에서는 임시정부를 환영하는 각종 모임이 준비되고 있다. 이런 분위기는 이들이 만들려는 인민공화국과는 정반대의 방향으로 가고 있는 것이다. 이것은 여운형과 공산주의자들을 매우 당황하게 만들었다. 잘못하면 해방 직후 건준을 만들어서 이룩하였던 주도권을 잃게 될지도 모른다. 여기에 공산주의자들은 당혹감을 느끼게 되었고, 좌익진영의 통일이 필요하다는 것을 인식하게 되었고, 더 나아가서는 민족주의 진영까지 포함하는 민족통일전선을 만들어야 했다. 이들이 일종의 연합전선인 인민공화국을 만들어야 할 절박한 이유가 생긴 것이다.

이 같은 급박한 상황은 박헌영의 말 가운데 잘 드러나 있다. 박헌영은 9월 8일 공산주의 열성자대회에서 다음과 같이 말했다.[201]

일본제국주의는 무장한 채로 아직 물러가지 않고 있는 한편으로 북부

조선에서 소비에트 연방의 붉은 군대는 일본군의 무장을 해제하고 조선의 자유와 독립을 선언하였고, 미국군은 미구에 서울에 들어오려는 것이다. 이러한 형편에 지주와 대뿌르주아지들의 반동적, 반민주주의적 운동은 권모술책을 가지고 좌익 내부에 그 손을 뻐쳐 오고 있는 것이 그의 특징이다. 이런 중요 모멘트에 당하여 만일 좌익이 분열 상태로 통일되지 못하는 날에는 그것은 반동세력의 진영을 강화함인 동시에 좌익의 무력함을 폭로하며 전 조선의 인민을 위하여 불행을 가져오는 것이다. 여기에서 우선 행동통일을 위해서 특별 콤미씨(협의회)가 성립되었고, 이 콤미씨는 최대한도의 포용력을 발휘하야 (중략) 가장 넓은 범위의 통일민족전선을 결성하기에 노력한 결과 '조선인민공화국'을 건설하기에 노력하였다. 또한 인민중앙위원회를 선거 발표한 것이었다. 이것은 확실히 좌익통일의 큰 성공인 것이다.

여기에 의하면 박헌영은 당시의 상황이 자신들에게 매우 불리함을 알고 있었고, 이것을 타개하기 위해서는 우선 좌익의 통일전선이 필요하다고 생각했다. 이것은 바로 9월 4일 3차 건준의 조직 때에 장안파를 몰아내고, 더 나아가서 안재홍을 공격하던 것과는 다른 것이었다. 아마도 이들은 소위 프롤레타리아트 헤게모니 쟁취의 과정에서 추방했던 사람들을 다시금 자신들의 주도하에 포함시켜 바로 통일전선을 만들려고 했던 것 같다. 여기에 가능하면 우파도 포함시키려 했고, 이런 의미에서 "가장 넓은 범위의 통일민족전선"을 형성하려고 한 것이다.

이렇게 쫓기는 상황에서 여운형과 공산주의자들은 조신인민공화국을 만들기 위한 준비를 해 나갔다. 먼저 9월 4일 여운형, 정백, 박헌영 이 세 사람은 당시 경성의전 병원에 입원해 있던 허헌을 찾아갔다. 아마도 9월 4일 열린 건준 3차조직에서 허헌이 부위원장으로 추대되었기 때문에 이것을 알릴 겸 찾아갔다고 생각된다. 정백이 여기에 참여한 것이 이상하지만 두 사람 다 인민정권을 만들어야 한다는 점에서는 동의하였으므로 인민공화국을 만들기 위한 민족통일전선을 형성하기 위해서 함께해야 할 필요를 느꼈던 것 같다. 한때 박헌영의 철저한 추종자였던 박갑동에 의하면 허헌의 병실에서 건준을 인민공화국으로 바꾸자는 전략이 논의되었고, 이것이 구체화되었다는 것이다.[202]

이와 같은 상황에서 9월 4일의 모임 바로 이틀 후인 9월 6일 오후 9시에 경기여고 강당에서 전국인민대표자대회를 열었다. 여기에서 여운형을 임시의장으로 하여 국호를 조선인민공화국이라고 정하고, 인민위원 55명, 후보위원 20명, 고문 12명으로 구성된 중앙인민위원회를 구성했다. 아마도 국호가 논란이 되었던 것 같다. 건국동맹 측은 원래 조선공화국이라는 명칭을 사용하기를 원했는데,[203] 이 것은 미군정을 의식한 것 같다. 하지만 공산주의자들은 인민공화국을 주장했고, 여기에 건준의 주요인사인 최용달이 매우 중요한 역할을 했다.[204] 최용달은 그 뒤 월북하여 북한 정부에서 사법부장을 지내며, 북한 정권의 헌법을 세우는 데 중요한 기여를 했다.

하지만 9월 6일 전국인민대표자대회는 많은 문제점을 갖고 있다. 무엇보다도 절차상의 문제를 지적하지 않을 수 없다. 공산주의자들은 인민대표자대회가 "전국 각도와 해내, 해외의 각계각층을 망라한 혁명투사 1천 수백 명"이 모였다고 말하고 있지만[205] 실제로는 이보다 훨씬 적은 숫자였으며 서울과 인천지역의 노동자들을 중심으로 재건파와 기타 급진 공산당원들로 구성된 지극히 편향된 모임이었다.[206] 따라서 이 대회는 조선의 전체 국민의 의사를 담은 모임이 아니라 단지 서울 근교의 일부 노동자를 대표할 뿐이다. 여운형도 절차상의 문제가 있음을 어느 정도 인정하였다. 하지만 그는 "건국의 비상시기이니 비상조치로서 할 수밖에 없다."고 말하였다. 하지만 이것은 여운형의 건국구상이다. 그는 원래부터 "혁명은 인민이 하는 것이 아니고 혁명단체가 하는 것"이라고 주장했다.[207]

다음으로 내용의 문제이다. 여운형은 인민대표자대회의 인사말에서 "우리의 새 국가는 노동자, 농민, 일절 근로인민대중을 위한 국가가 아니면 안 된다. 우리의 새 정권은 전 인민의 정치적, 경제적, 사회적 기본요구를 완전히 실현할 수 있는 진정한 민주주의 정권이 아니면 안 된다.”고 말했다.[208] 여기에서 인민공화국의 성격을 알 수 있는 것이다. 인민공화국은 모든 국민의 나라가 아니라 노동자와 농민을 중심으로 이루어지며, 여기에 자본가는 배제하는 국가인 것이다. 여운형은 이것을 “진정한 민주주의”라고 표현했는데, 바로 이것이 진보적 민주주의와 같은 개념인 것이다.[209] 이런 인민공화국은 현재 대한민국이 추구하는 모든 국민의 나라와는 다르다. 사실 여운형이 말하는 인민은 모든 국민을 말하는 것 같지만 그렇지 않다. “국민” 속에는 모든 계층의 사람이 다 들어가 있지만 “인민” 속에는 자본가나 지배층은 배제되어 있는 것이다.[210] 9월 7일 건국준비위원회가 발표한 전단에 의하면 “쏘베트 동맹의 붉은 군대 만세!”가 구호로 들어가 있다.[211] 이것은 이들이 원하는 국가가 무엇인지를 보여 주는 것이다.

9월 6일 저녁 인민위원을 선출하여 중앙인민위원회를 구성하고, 9월 14일 조선인민공화국의 정부를 조직 발표하였다. 9월 6일에서 9월 14일 사이에는 많은 시간이 존재한다. 먼저 9월 8일 미군이 인천에 상륙했고, 9월 9일에는 서울에 입성하여 일본으로부터 정식으로 항복을 받았다. 민족주의 진영에서는 9월 4일 연합군 및 임시정부 환영준비위원회가 열렸고, 9월 7일에는 국민대회준비위원회가 열렸으며, 9월 최대의 민족주의 정당인 한민당이 결성되었다. 박헌영의 말대로 소위 "반동세력"이 다시금 강하게 일어나고 있었던 것이다. 이 같은 어려운 상황에서 9월 14일 여운형과 공산주의자들은 조선인민공화국 정부를 조직하였다.

9월 14일 발표된 조선인민공화국의 선언은 이전 건국준비위원회의 선언 보다 내용이 상당히 완화되었다. 여기에는 가장 중요한 단어인 인민이라는 용어가 인민대표자나, 인민공화국, 또는 인민위원 같은 용어를 제외하고는 나오고 있지 않다. 특별히 이 선언은 인민공화국이 인민에 기초한 인민정권이라는 언급이 없다. 그러나 인민공화국이 노동자와 농민에 기반을 두고 있는 나라라는 것은 분명하게 언급하고 있다. 아울러서 과거사용하고 있던 "진보적 민주주의"라는 용어 대신 "진정한 민주주의"라는 말을 사용하고 있다.[212] 필자의 생각으로는 이것은 미군을 의식한 것이라고 생각된다. 그럼에도 불구하고 조신인민공화국의 근본정신은 이전의 공산주의자들의 국가관을 그대로 반영한 것이라고 생각된다.

더욱이 주목할 만한 것은 조선인민공화국의 조직이다. 다음은 조선인민공화국 조직의 내용이다.[213]

주석: 이승만

부주석: 여운형

국무총리: 허헌

내정부장: 김구(임시대리 허헌), 외교부장: 김규식(임시대리 여운형)

군사부장: 김원봉(임시대리 김세용), 재정부장: 조만식

보안부장: 최용달, 사법부장: 김병로(임시대리 허헌)

문교부장: 김성수(임시대리 이만규), 경제부장: 하필원

보건부장: 이만규, 체신부장: 신익희(임시대리 이강국)

교통부장: 홍남표, 노동부장: 이주상

서기장: 이강국, 법제국장: 최익한, 기획국장: 정백

우리가 이 조직을 볼 때 두 가지 점을 생각해 볼 수 있다. 첫째, 이 조직은 공산주의자들이 허용할 수 있는 최대의 민족통일전선이라는 것이다. 이미 박헌영은 "가장 넓은 범위의 민족통일전선"으로 인민공화국을 건설했다고 말했다. 여기에는 이승만, 김구, 김구, 김원봉, 신익희와 같은 임시정부 관계자들이 대거 포함되어 있다. 사실 여운형과 박헌영은 임시정부를 인정하지 않았다. 하지만 미군정이 들어오고 임시정부 환영준비위원회가 조직되고 있는 상황 가운데서 이들이 임시정부를 무시할 수는 없었다. 여운형과 공산주의자들이 임

시정부가 국내 기반이 없기 때문에 혁명의 주체가 될 수 없다고 말해 놓고서 이제는 이들은 전면에 내 세운다는 것은 이들도 이승만과 김구 같은 인물들을 인정하지 않을 수 없다는 것을 의미한다. 실제로 이승만과 김구가 귀국했을 때 이들은 찾아가서 면담을 하지 않을 수가 없었다. 이것을 볼 때 한편으로는 민족통일전선을 확대한 것이지만, 다른 한편으로는 이들도 임정 봉대설을 부인할 수 없었다는 것을 의미한다. 건준이 해방 직후 활발히 활약할 수 있었던 것은 바로 이들이 귀국하기 전이었기 때문이다.

둘째로 이 조직은 프롤레타리아 헤게모니를 유지할 수 있는 방법으로 조직되었다는 것이다. 위에서 언급한 대로 간판으로는 이승만, 김구 같은 대표적인 민족주의자들을 포함하고 있지만 이들은 실제로 국내에 있는 사람이 아니고, 자신들이 그런 지위에 추대되고 있는 것도 알 수 없었다. 따라서 대중들에게는 인민공화국이 단지 공산당 정권만이 아니라는 인상을 주지만 아직도 이들은 국내에 있지 않기 때문에 영향력을 행사할 수 없었다. 이것은 국내의 민족주의자들도 마찬가지이다. 인민공화국 선포되었을 때 여기에 인민위원으로 선출되었던 권동진, 오세창, 김성수, 김병로 같은 국내 민족주의자들도 성명을 발표하고 자신들은 아무런 관계가 없다고 발표하였다.[214] 이들은 정백, 최익한과 같은 소위 재건파 공산당들도 포함하였다. 공산당과의 연합을 꾀한 것이다. 하지만 우리가 조각의 내용을 보면 실질적으로 해외나 국내의 민족주의자들이 참여할 가능성이 없는 것이므로 실제로는 각료의 60퍼센트 이상을 공산당이 주도하도록 되어 있어 좌익의 주도권은 철저하게 보장되는 것이다. 다시 말하면 대중들에게는 좌우합작인 것처럼 보여 대동단결을 외치고, 내용적으로는 공산당이 주도권을 가질 수 있도록 만든 것이다.

6부

■

요약과 결론

1장

해방정국의
한국 정치의 전개

해방 직후 약 한 달간, 즉 일본은 항복하고, 미군은 진주하지 않은 기간은 한국사에서 매우 중요한 시기이다. 우리 민족은 일제에서 해방되었지만 아직 어떤 나라를 건설할 것인가에 대한 합의가 없었다. 따라서 누군가의 말처럼 해방은 "하루의 기쁨"에 지나지 않았으며, 그 다음은 건국을 둘러싸고 치열한 논쟁이 벌어졌다. 해방 직후 약 한달 간의 기간은 우리 민족이 어떤 국가를 건설하기를 원하는가 하는 논쟁점을 분명하게 만드는 기간이었다. 이 기간에 우선 공산주의자들은 오래전부터 그들이 준비해 온 인민정부를 세우지 위해서 노력했다. 이들과 여운형은 함께했다. 또한 송진우를 중심으로 한 민족주의자들은 공산주의 반대를 외치며 서구식 민주주의를 원했다. 이들 사이에 온건한 입장을 가진 사람들도 있었지만 결정적인 힘을 가지지 못했다.

　해방정국에 있어서 먼저 건국운동의 주도권을 가진 것은 여운형의 건국준비위원회이다. 온건 공산주의자 혹은 사회주의자로 불리는 여운형은 후일 재건파로 불리는 급진 공산주의자들, 후일 장안파로 불린 공산주의자들과 함께 건국준비위원회를 만들고 인민정권을 만들려고 하였다. 여기에 민족주의자인 안재홍을 가담시켜서 좌우가 합한 민족 통일전선으로 만들려고 하였다. 안재홍은 건준을 좌익이 주도하지 않게 하기 위해서 노력했지만 번번히 실패했고, 결국 건준에서 탈퇴하고 말았다. 해방정국의 건준에서 안재홍의 역할은 기존의 건맹 세력과 공산주의에 대결하기에는 너무나 약했다.

　해방정국에서 좌익이 건국운동을 선점하게 되는 데에는 조선 총독부가 여운형에게 일본인의 치안을 부탁하면서 일정한 정권을 넘겨주었기 때문이다. 이것은 치안, 식량배급, 언론을 장악한다는 것을 의미한다. 여기에 해방 당일부터 퍼지기 시작한 소련 진주설은 이미 북한에 소련군이 진주해 있는 상황과 함께 좌익의 건국운동에 큰 힘을 보태 주었고, 여운형과 공산주의자들은 해방 당일과 그 다음날 서울역에 가서 소련군을 기다렸다. 감옥에서 나온 정치범들이 대거 좌익에 가담함으로써 해방 직후의 정국은 갑자기 좌익이 주도하게 되었다. 해방 후 공산주의자들은 가장 잘 훈련된 조직이었다.

하지만 곧 바로 소련 진주설이 사실이 아닌 것으로 판명되고, 점점 미군 진주설이 널리 퍼지자 민심은 동요하기 시작하였다. 또한 처음에 건준에 권한을 이양했던 조선 총독부가 연합군에게 정권을 이양해야 한다면서 건준에 제약을 가하면서 건준과 총독부 사이에는 갈등이 생기기 시작했다.

여기에 서울을 중심으로 한 각 지역의 유지들이 식량배급을 담당하고, 경방단을 중심으로 치안을 담당하게 되었다. 또한 외지에서 들어오는 수많은 사람들을 위하여 민간구호단체인 재외전재동포구제회 등이 조직되어 해방 이후 정국을 수습했다. 결국 해방 직후 처음에는 건준이 중심이 되었지만 얼마 가지 않아서 유지를 중심한 민간인들이 해방정국에서 중요한 역할을 하게 되었다. 해방 직후에 각 지역의 유지들의 역할은 중요하게 평가해야 할 것이다.

해방 직후 건준이 정국을 주도하자 이것을 저지하려는 움직임이 일어났다. 먼저 해방후 가장 강력한 민족주의자인 송진우를 건준에 포함시켜야 한다는 주장이 일어났다. 이것은 온건한 민족주의 진영과 여운형을 비롯한 온건 좌파들의 공통된 생각이었다. 하지만 이미 건준이 공산주의자들의 헤게모니에 빠졌다고 생각한 송진우는 여기에 가담하지 않았고, 또한 송진우가 가담하면 자신들의 헤게모니가 위태롭다고 판단한 공산주의자들이 격렬하게 반대했다. 결국 송진우 영입은 실패하고 말았다. 이와 함께 건준의 개편작업이 시도되었다. 먼저 온건 세력들은 전국유지자대회를 열어서 건준을 새롭게 조직하려고 하였다. 하지만 이것은 노동자와 농민이 주도하는 노농정권, 즉 인민정권과는 합치하지 않는 것이다. 이것이 실패하자 이들은 다시 건준의 위원에 좌우인사들을 포함시켜 확대위원회를 만들어서 좌익 주도의 건준을 바꾸려고 하였다. 하지만 이것마저 프롤레타리아 헤게모니를 염려한 좌익들은 반대했다. 결국 좌우 온건파의 건준 개편 노력은 실패로 돌아갔다.

하지만 이런 건준 개편 노력은 건준 개편을 주장했던 많은 온건세력들로 하여금 건준을 탈퇴하도록 만들었다. 먼저 안재홍은 수차례 여운형과의 대화에서 자신과 여운형 사이에는 건널 수 없는 담이 있다는 것을 확인했고, 결국에는 건준에서 탈퇴하여 당시 우익이 주장하고 본인이 원래 주장했던 임시정부 봉대론을 지지하였다.

이와 함께 건준에서 박헌영을 중심으로 한 급진 공산주의자들이 소위 장안파를 제거하고 주도권을 장악하자 재건파와 반대의 입장에 서 있던 장백을 중심으로 한 온건 공산주의자들은 건준에서 탈퇴하였다.

결국 건준을 중심으로 한 통일전선은 송진우와 민족주의 세력을 포함시키지도 못하고, 오히려 이런 논란 가운데서 온건한 민족주의자(안재홍)와 온건한 공산주의자(정백)을 다 잃고 말았다. 건준은 이제 급진 공산주의자와 여운형의 사회주의만 남게 되었다.

1945년 8월 말을 지나가면서 건준을 중심으로 한 공산주의 세력은 급격하게 약화되었고, 미군 진주와 임시정부 환국 소식에 힘을 얻은 우익은 강화되기 시작했다. 이런 상황에서 해방 직후 정국의 주도권을 놓쳤던 송진우는 다시금 주도권을 장악하기 시작했다. 그는 연합군 환영과 임시정부 봉대를 주장하며, 전 민족을 대상으로 하는 국민대회를 열 것을 주장하였다. 결국 이런 송진우의 주장은 미군에게 받아들여졌고, 미군의 진주와 더불어서 송진우와 그의 한국민주당은 정국을 주도하게 되었다.

1945년 9월 초, 건준은 나름대로의 승부수를 두었다. 임시정부의 등장에 맞서서 자신들도 새로운 정부를 만들어야 했다. 이것은 그들이 오랫동안 준비해온 인민정권 형태의 인민공화국이다. 물론 이것은 원래 공산주의자들이 가졌던 건국계획이었고, 당시 북한에 진주한 소련은 이미 기존의 건국준비위원회를 인민정권을 주장하는 인민위원회로 개편하였다. 건준은 인민공화국을 선포하고, 이것을 근거로 하여 서울에 진주하는 미군과 협상하려 하였던 것이다.

하지만 이것은 오산이었다. 건준이 인민공화국을 설립하는 것을 본 미군은 이들의 정체가 좌익이라는 것을 분명하게 인식하게 되고, 이들은 새로운 나라의 주체로서 받아들이지 않았다.

2장

해방정국에서
주요 지도자들의 건국사상

우리는 이상에서 해방 직후 약 한 달간에 한국정치 변화를 간단하게 정리하였다. 다음으로 우리는 이 당시 한국 정치지도자들이 어떤 건국이념을 가졌는지에 대해서 살펴보아야 할 것이다.

해방정국에서 건국논쟁을 주도한 것은 여운형과 송진우이다. 이들은 해방을 앞둔 1945년 8월 12일과 13일 사이에 여운형을 대리한 정백과 송진우를 대리한 김준연이 서로 만나서 합작의 가능성을 타진하였다. 여기에서 여운형 측은 일본의 패망이 가까웠으므로 총독부로부터 정권을 인수하여 건국해야 하며, 그 주체는 일제 말 지하에서 독립운동을 한 혁명세력이 맡아야 한다고 주장하였다. 이들 주장의 핵심은 지하혁명세력을 중심으로 인민정권, 곧 인민공화국을 건설해야 한다는 것이다. 여기에 비해서 송진우 측은 아직 연합군이 오지 않았기 때문에 경거망동해서는 안 되며, 새로운 나라는 중경 임시정부가 중심이 되어야 한다는 것이다. 이들의 핵심은 임시정부를 중심으로 서구식 민주주의 국가를 만들어야 한다는 것이다.

우리는 여기에서 해방 후 우리나라의 주요 지도자들이 어떤 건국관을 가졌는지 살펴볼 필요가 있다. 먼저 여운형은 조선에 인민정권을 세워야 한다고 보았다. 여운형은 오랫동안 국제공산주의와 관계를 맺어왔고, 새로운 나라는 인민위원회가 중심이 되는 인민정권이어야 한다고 생각했다. 비록 그는 노동자와 농민만이 아니라 소시민과 소자본가도 포함했지만 근본적으로 노동자와 농민이 주도하는 정권을 만들려고 한 것은 사실이다. 둘째, 여운형은 새로운 나라의 주체는 바로 일제 말 국내에서 지하투쟁을 했던 좌익혁명단체여야 한다는 것이다. 이들이야말로 진정한 애국자라는 것이다. 여기에 해외의 독립운동 단체들이 협력해야 한다는 것이다. 셋째, 이런 인민정권은 인민대표자대회를 소집하여 정식으로 인준해야 한다는 것이다. 여기 인민대표자대회는 노동자와 농민이 주도하는 인민의 대표로 구성되어야 한다. 여운형은 이런 목표를 이루기 위해서 미군이 진주하기 전에 미리 인민공화국을 건설해야 한다고 생각하였다.

그러면 이런 여운형의 입장과 해방 후 한국사회의 가장 영향력이 있던 공산주의자였던 박헌영의 생각은 어떻게 다른가? 실제적으로 여운형과 박헌영은 많은 점에서 유사점을 갖고 있다. 이들은 다 같이 진보적 민주주의를 목표로 하는 인민정권을 추구했고, 지하 혁명 단체를 건국의 주도세력으로 생각하고, 이것을 위해서 인민대표자 대회를 만들어야 한다고 생각했다. 하지만 구체적으로 보면 여운형과 박헌영은 서로 다른 점을 갖고 있다. 첫째 여운형은 박헌영에 비해 더 폭넓은 통일전선을 구축하려고 했다. 해방정국에 있어서 여운형은 건국준비위원회에 송진우를 비롯한 민족주의자를 포함하려고 했다. 하지만 박헌영을 비롯한 소위 재건파는 송진우의 영입을 매우 염려했다. 그것은 송진우와 그의 세력이 영입될 경우 좌익 주도의 통일전선이 무너질 염려가 있기 때문이다. 둘째, 박헌영은 여운형보다 더 친소적인 입장을 갖고 있었다. 여운형도 물론 소련에 대해서 호감을 갖고 있었다. 하지만 이것은 박한영의 경우에 있어서 더욱 강하였다. 박헌영은 해방정국에 있어서 소련의 위치를 절대적이라고 생각했다. 셋째, 박헌영은 여운형보다 프롤레타리아 헤게모니 선취론에 더욱 강한 입장을 보였다. 여운형은 좌우합작에 어느 정도 긍정적인 입장을 보인 반면, 박헌영과 그의 재건파는 좌우합작은 어디까지나 프롤레타리아가 주도권을 갖는 범위 안에서만 인정할 수 있는 것이다. 결국 이런 여운형과 박헌영의 차이는 강력한 조직을 갖고 있던 박헌영의 승리로 결말이 나고 말았다.

　그러면 이 같은 좌익의 건국관에 비하여 우익의 건국관은 어떠한가? 먼저 송진우를 대표로하는 민족주의자들의 입장을 살펴보자. 첫째, 송진우는 개인의 자유를 강조하는 서구식 민주주의를 건국이념으로 생각해야 한다고 보았다. 이들은 3·1운동 이후 새로 세워진 임시정부는 민주공화국을 건국이념으로 삼았다는 것을 강조하였다. 둘째, 송진우는 이런 나라를 세우려면 미국을 비롯한 연합군의 도움을 받아야 하며, 특히 3·1운동 이후 민주공화국을 주장해 온 임시정부를 건국 주체로 삼아야 한다고 생각했다. 셋째, 당시 중경에 있던 임시정부가 정당성을 가지면 국민대회를 열어서 임시정부를 추인해야 한다고 생각하였다. 이 국민대회에는 전국의 유지를 포함하는 범민족적인 국민대표들이 참여해야 한다. 이것은 좌익이 생각하는 인민대표와는 다른 것이다. 송진우는 이런 건국을 하기 위해서는 경거망동하지 말고, 미군이 진주하고 임시정부가 귀환하는 것을 기다려야 한다고 주장하였다.

　우리는 여기에서 온건우파라고 불리는 안재홍의 입장을 살펴볼 필요가 있다. 안재홍은 송진우와 함께 민족주의의 주요 인물이었다. 안재홍과 송진우는 다 같이 공산주의 국가가 아니라 민족주의자들이 주도하는 민주국가를 건설하려고 하였다. 또한 안재홍은 이것을 위해서 임시정부 봉대론을 갖고 있었고, 또한 새로운 나라를 건설하기 위해서는 민족대회를 개최해야 한다고 주장하였다. 안재홍의 민족대회는 송진우의 국민대회와 비슷한 성격을 갖고 있다. 하지만 안재홍은 다음의 몇 가지 점에서 송진우와 다르다. 첫째, 처음에 안재홍은 송진우와 달리 좌익과 협동전선이 가능하다고 생각하였다. 그러나 이런 안재홍의 입장은 좌우 양측에서 환영을 받지 못하고, 결국은 실패로 돌아가고 말았다. 둘째, 안재홍은 송진우와 달리 일본으로부터 정권을 인수받는 것이 문제라고 생각하지 않았다. 이것은 해방 직후 건국을 앞둔 중요한 시점에서 그리 중요한 문제가 아니라고 생각하였다. 그러나 안재홍은 건준의 발전과정에서 좌익의 입장을 수정할 수 없다고 생각하고 건준을 탈퇴하고 말았다.

3장

해방정국에 대한
재발견과 재평가

필자는 이상에서 이 글에서 설명한 해방정국을 간단하게 요약하였다. 그러면 이상과 같은 연구를 통해서 필자가 여운형의 건국준비위원회와 민족주의자들의 건국운동에 대해서 새롭게 인식한 것은 무엇인가? 먼저 건국위원회에 대해서 살펴보자.

첫째, 여운형의 건국준비위원회가 좌우합작인 민족국가 건설계획이라고 보기는 어렵다는 것이다. 건국준비위원회는 흔히 박헌영계로 불리는 급진공산주의, 장안파로 불리는 원로 공산주의 그룹, 그리고 사회주의자로 불리는 여운형 계열이 만든 건국동맹에 안재홍이 가담하여 만들어졌다. 하지만 건국준비위원회에서 주도권을 가진 그룹은 박헌영 계열로 알려진 소위 성대 3총사(박문규, 최용달, 이강국)였으며, 이들은 노농을 중심으로 하는 인민정권을 세우려고 하였다. 여운형은 이들과 함께 건준을 이끌어 나갔다. 안재홍은 여기에 저항하여 건준을 우익이 주도하는 민족단체로 만들려고 했지만 받아들여지지 않았고, 결국은 건준을 탈퇴하고 말았다. 따라서 건준에서 안재홍의 위치는 미미했고, 외형적으로는 좌우합작이지만 내용상으로는 진정한 좌우합작이라고 말할 수 없다.

둘째, 여운형은 처음부터 인민정권을 만들려고 계획했다는 것이다. 여운형은 일찍이 1943년부터 공산주의자들과 함께 인민정권 수립을 논의하였고, 이것을 진보적 민주주의라고 불렀다. 여운형이 박헌영에 비해서 투쟁방법이나, 통일전선 형성에서 온건한 입장을 가진 것은 사실이지만 여운형과 공산주의자들은 처음부터 인민정권을 만들려고 노력하였다. 이것을 위해서 지하혁명세력이 건국의 주체가 되어야 한다고 생각하였다. 일부 학자들은 여운형이 인민공화국을 만든 것은 여운형의 의사가 아니라 박헌영 계열로 말미암아 건준이 좌경화된 이후의 일이라고 주장한다. 하지만 이것은 사실과 다르다. 여운형은 처음부터 인민대표자대회를 통해서 진보적 민주주의 국가, 즉 인민공화국을 만들려고 했다.

셋째, 여운형과 건국준비위원회는 우익진영이 건준에 가담하는 것을 두려워했고, 이것을 저지하기 위해서 모든 노력을 다 기울였다는 것이다. 잘 알려진 대로 송진우가 건준에 참여하는 것을 거부했지만 동시에 공산주의자들은 송진우가 건준에 가담하는 것도 반대했다. 아울러서 이들은 전국 유지자대회나 확대위원회를 통해서 건준에 우익세력이 들어오는 것을 극력 반대하였다. 이것은 자신들이 가지고 있는 프롤레타리아 헤게모니 선취론이 흔들리기 때문이다. 결국 우익 진영과의 협동을 강조했던 안재홍과 일부 공산주의자들은 이런 급진 공산주의자들의 주장에 반대하여 건준을 탈퇴하였고, 따라서 이것은 건준의 약화를 가져왔다.

넷째, 건준은 출범한 지 얼마 되지 않아서 그 세력이 급속하게 약화되었다는 것이다. 총독부의 정권 이양, 소련군의 진주, 그리고 정치범의 석방에 힘입어서 처음에 급속하게 주도권을 장악한 건준은 곧 이어서 총독부의 견제, 미군의 진주 소식, 지역유지들의 활약, 그리고 더 나아가서 공산주의 내부 그룹에서의 분열 때문에 매우 약화되었다. 그리하여 1945년 8월 말에는 모든 임원이 사표를 낼 만큼 심각한 위기를 경험하였다. 이와 더불어서 9월 초, 미군의 진주와 임시정부의 귀환 소식과 함께 민족주의 진영이 강하게 등장하였고, 여기에 엄청난 위기를 느꼈다. 그리하여 이들은 인민공화국을 급조했지만 결국 이것은 미군과의 관계를 악화시켰을 뿐이다. 따라서 우리는 건준의 위치를 과대평가하지 말아야 한다.

그러면 해방정국에서 우익의 민족주의 진영에서는 어떤 활동을 하였는가? 그리고 이것은 어떤 의미를 가지고 있는가? 필자는 다음 몇 가지로 해방정국의 건국논쟁에서 민족주의자들이 갖고 있는 의미를 발견하려고 한다.

첫째, 해방정국에서 송진우를 중심으로 하는 민족주의자들이 서구식 민주주의 국가를 건설하려고 했다는 것은 매우 중요하게 평가해야 한다. 19세기 말부터 조선에는 서구식 민주주의가 소개되었고, 이것은 개화파 민족주의자들을 중심으로 퍼졌고, 일제 강점기를 통하여 우리 민족이 지향하는 정치이념이 되었다. 이 민주주의는 만민공동회, 신민회, 3·1 운동, 그리고 임시정부를 통하여 모든 민족의 공감을 얻는데 이르렀다. 송진우와 민족주의자들은 한반도에는 민주국가가 세워져야 한다고 확신하고, 강력하게 등장하는 공산주의와 싸웠다. 해방정국에서 송진우는 이 같은 한국 민족운동의 주류의 전통을 계승하고 있는 것이다. 오늘의 대한민국은 이 같은 한국 민족주의 전통을 계승하고 있는 것이다.

둘째, 송진우가 연합군, 특히 미국을 중심으로 하는 국제적인 연대 가운데서 새로운 나라를 건국해야 한다고 주장한 것은 매우 타당한 것이다. 한국에 서구식 민주주의가 세워지기 위해서는 미국을 중심으로 하는 연합군과의 연대를 강화해야 한다. 송진우는 해방정국의 세계질서가 미국을 중심으로 재편된다고 생각했다. 이런 송진우의 국제정세 파악은 지나치게 낙관적인 측면이 있지만 근본적으로는 옳은 것이었다고 본다. 그는 인류 역사에서 민주주의가 대세이며, 한반도는 이런 세계 역사의 흐름과 같이 해야 한다고 보았다. 오늘의 대한민국의 민주주의와 경제성장, 그리고 종교의 자유는 이런 서구 민주주의 국가와 연대하지 않았더라면 가능하지 않았을 것이다. 이런 점에서 송진우가 미국을 중심으로 한 연합군과의 연대를 통해서 새로운 국가를 세워야 한다고 생각한 것은 옳은 판단이라고 본다.

셋째, 송진우가 임시정부 봉대론을 내세워서 좌익의 인민정권을 견제하고, 민주국가를 세우려고 한 것은 높이 평가해야 한다. 오늘의 대한민국 헌법은 대한민국이 임시정부를 계승한다고 명시하고 있다. 왜냐하면 임시정부는 많은 문제점에도 불구하고 3·1정신을 계승한 독립운동의 상징이었을 뿐만이 아니라, 대한민국을 민주공화국이라고 명시한 정부였다. 해방정국에서 송진우를 비롯한 민족주의자들은 바로 이런 임시정부를 주체로 해서 새로운 나라를 건국하려고 했다. 물론 미군은 임시정부를 인정하지 않았지만 우리 민족은 임시정부를 인정하였고, 미군도 임시정부는 인정하지 않았지만 임시정부의 요인, 즉 이승만, 김구, 김규식을 새로운 나라의 지도자로 생각하였다. 오늘의 대한민국은 국내에서 임시정부를 환영하는 민족주의 세력과 해외에서 돌아온 민족지도자들이 협동하여 만들어진 것이다.

넷째, 국민대회를 열어서 계급을 초월한 새로운 국가를 만들려고 한 것은 중요하게 보아야 한다. 해방정국에서 좌익은 노동자와 농민이 중심이 되는 인민정권을 만들려고 하였다. 여기에는 자본가와 지주는 배제되었다. 하지만 민족주의 진영에서는 이런 계급투쟁은 대동단결을 해야 하는 해방정국에서 합당하지 않은 것으로 이해하였다. 오히려 해방정국에서 필요한 것은 계급의 갈등이 아니라 오랫동안 조선사회에서 중요한 역할을 하였던 유지계층을 중심으로 하는 민족통합이었다. 송진우와 민족주의자들은 전국적으로 이런 유지들을 모아서 국민대회를 열고, 이 국민대회를 통해서 임시정부를 인준하여서 새로운 나라를 건설하려고 했다. 또한 이런 과정을 통해서 오랫동안 격리되었던 임시정부와 이 땅의 사람들을 연결시키려고 한 것이다. 이런 점에서 민족주의자들이 생각하는 나라는 특정계급을 배제하는 인민공화국이 아니라 모든 국민을 포용하는 민주공화국이었다. 여기에는 물론 자본가도 자신의 역할을 감당할 수 있는 것이다.

4장

맺는말

1945년 9월 초 우리나라에는 건국을 둘러싼 두 가지 입장이 분명하게 제시되었다. 하나는 좌익을 중심으로 하고, 일제 말 지하혁명세력이 주체가 되는 인민공화국 세력이요, 다른 하나는 우익을 중심으로 하고, 임시정부가 주체가 되는 민주공화국 세력이다. 이 두 세력은 다 같이 미군을 향하여 자신들을 남한사회의 주역으로 인정해 달라고 요청하였다. 여기에 대해서 미군은 형식적으로는 모든 세력을 인정하지 않고, 오직 미군만이 한반도에서 유일한 정부임을 천명하였다. 하지만 이런 외형적인 모습과는 달리 미군은 임시정부를 중심으로 한 민족주의자들을 새로운 나라의 중심으로 삼으려고 계획하였고, 이승만, 김구, 김규식 등의 민족주의자들의 조속한 입국을 추진하였다. 그리고 국내에서 이들을 맞이하려고 준비하는 국내의 민족주의자들과 이들을 묶어서 새로운 나라를 건설하려고 계획하였다. 오늘의 대한민국은 바로 이 같은 임시정부의 세력과 국내 민족주의자들의 연합으로 만들어진 것이다.

오늘의 대한민국은 제2차 세계대전 이후 세계에서 가장 성공한 나라에 들어간다. 정치적으로 아시아에서 최고의 민주주의 국가를 만들었고, 경제적으로 세계 10위권의 국가를 이룩하였으며, 종교적으로 신앙의 자유를 누리고 있다. 이것은 북한의 현실과는 너무나 대조된다. 북한은 세계사상 찾아보기 힘든 독재국가이며, 백성들은 가난과 질고에 시달리고 있고, 신앙의 자유는 찾아보기 힘들다. 그러면 이 같은 남한과 북한의 차이는 어디에서 오는 것일까? 그것은 해방 이후 남한사회가 자유민주주의, 시장경제, 그리고 종교의 자유를 허용하는 서구식 민주주의를 선택했기 때문이다. 오늘의 대한민국 국민은 해방정국에서 대한민국을 민주공화국으로 만들기 위해서 노력한 지도자들을 존경해야 할 것이다. 특별히 해방 직후부터 이 나라가 서구 민주주의 국가와의 연대 가운데서 임시정부를 주체로 해서 민주공화국을 세워야 한다고 주장했던 송진우를 재평가해야 할 것이다.

참고문헌

국문자료

고준석, 『남조선노동당사』 동경: 경초서방, 1978.

고하선생전기편찬위원회, 『독립을 위한 집념』 동아일보사, 1990.

그레고리 헨더슨, 『소용돌이 속의 한국정치』 한울, 2013.

김성보, 「소련의 조선임시정부 수립구상 - 미소공동위원회에 보낸 훈령과 조선임시정부
　　　　각료후보」 『역사비평』 24, 1994, pp. 368~369.

김오성, 「인민정권의 성격」 『대조』 I-1, 1946년 1월, pp. 11~17.

_____, 『지도자론』 조선인민보사 후생부, 1946.

_____, 『지도자 군상』 조선인민보사 후생부, 1946.

김인식, 『안재홍의 신 국가건설운동』 선안, 2005, p. 89.

김정의, 「유정 조동호와 조선건국동맹」 『문명연지』 8-1, 2007, pp. 331~372.

김종수 외, 『고등학교 한국사』 금성출판사, 2014.

김준연, 『독립노선』 시사시보사, 1947.

김진배, 『가인 김병로』 삼화인쇄주식회사, 1983.

김태준·보고사 편집부, 『김태준전집 3』 보고사, 1998.

김학준, 『고하 송진우 평전』 동아일보사, 1990.

꿀리꼬바, F, 샤브시나, 「소련 여류 역사학자가 만난 박헌영」 『역사비평』 25, 1994,
　　　　pp. 167~192.

남광규, 「건국준비위원회 중앙조직의 약화과정과 요인」 『한국정치외교사논총』 28-1,
　　　　2006, pp. 5~33.

남찬섭,「미군정기의 사회복지 - 민간구호단체의 활동과 주택정책」,『복지동향』 78, 2005, pp.43~51.

도진순,『한국민족주의와 남북관계』 서울대출판부, 1997.

몽양여운형선생전집발간위원회,『몽양 여운형전집 1』 한울, 1991.

문교부국사편찬위원회,『한국독립운동사(자료 1: 임정편)』 국사편찬위원회, 1983.

미 국무성, 김국태 옮김,『해방 3년과 미국 I: 미 국무성 비밀외교문서』 돌베개, 1984.

민주주의민족전선,『조선 해방 일년사』 문우인서관, 1946.

박갑동,『박헌영』 인간, 1983.

박명수 외,『대한민국 건국과 기독교』 북코리아, 2014.

박명수,「평남건국준비위원회와 조만식」,『한국 기독교와 역사』 41, 2014, pp.37~76.

박찬승,「일제하 한국 민족주의의 형성과 분화」,『한국독립운동사연구』, 15, 2000, pp.35~95.

삼전방부,『조선종전의 기록』 동경: 암남당서점, 1979.

서중석,「해방 후 김창숙의 정치활동」,『대동문화연구』 43, 2003, pp.161~221.

_____,『한국현대민족운동연구』 역사비평사, 1996.

설의식,『해방 이후』 소어산방장판, 1946.

송남헌,『한국현대정치사 1』 성문각, 1986.

신   호,『현정치로선 비판과 그 신 방향』 연건출판부, 1949.

심산사상연구회,『김창숙 문존』 성균관대출판부, 1986.

심지연,『해방정국 논쟁사 1』 한울, 1986.

안재홍선집간행위원회,『민세 안재홍선집 2』 지식산업사, 1983.

양동안,『대한민국 건국사』 건국대통령이승만박사기념사업회, 1998.

여운홍,『몽양 여운형』 청하각, 1967.

오영진,『소군정 하의 북한 - 하나의 증언』 중앙문화사, 1952.

유호준,『역사와 교회』 대한기독교서회, 1993.

윤덕영, 「1920년대 전반 민족주의 세력의 민족운동방향 모색과 그 성격」, 『사학연구』, 98, 2010, pp.343~390.

_____, 「송진우·한국민주당의 과도정부 구상과 대한민국임시정부지지론」, 『한국사학보』, 42, 2011, pp.247~283.

윤해동, 「'식민지 인식의 회색지대'를 위한 변명」, 『역사와 현실』, 66, 2007, pp.399~427.

이만규, 『여운형선생 투쟁사』, 민주문화사, 1946.

이석태, 『사회과학대사전』, 문우인서관, 1948.

이애숙, 「일제 말기의 반파시즘 인민전선론: 경성 콤그룹을 중심으로」, 『한국사연구』, 126, 2004, pp.203~238.

이영근, 「여운형 건준의 좌절」, 『월간조선』, 1990, pp.432~448.

이영미, 『동원과 저항』, 푸른역사, 2009.

이인, 「해방전후의 편편록」, 『신동아』, 8, 1967, pp.354~356.

이정식, 「8·15 미스테리: 소련 진주설의 진상」, 『신동아』, 1991, pp.430~437.

_____, 「여운형과 건국준비위원회」, 『역사학보』, 134~135, 1992, pp.25~76.

_____, 「인민공화국과 해방정국」, 『한국사시민강좌』, 12, 1993, pp.15~45.

_____, 이정식(면담), 김학준(편집해설), 김용호(수정증보). 『혁명가들의 항일회상』, 민음사, 2005 개정판.

이현주, 「조선공산당의 권력구상과 '조선인민공화국'」, 『한국근대사연구』, 36, 2006, pp.75~110.

임경석, 「일제하 공산주의자들의 국가 건설론」, 『대동문화연구』, 27, 1992, pp.205~226.

임종명, 「해방 공간과 인민, 그리고 민족주의와 민주주의」, 『한국사연구』, 167, 2014, pp.193~246.

장준하, 『돌베개』, 화다출판사, 1971.

정병준. 「조선건국동맹의 조직과 활동」, 『한국사연구』, 80, 1993

_____, 「1940년대 대한민국임시의정원의 건국구상」, 『한국민족운동사연구』, 61, 2009,

pp.143~182.

_____, 「해방 이후 여운형의 통일·독립운동과 사상적 지향」, 『한국민족운동사 연구』, 39, 2004, pp.99~147.

정상윤, 「건준 천하 20일」, 『월간 사월』 6-2, 1972, p.21.

지수걸, 「일제하 지방자치 시스템과 군 단위 '관료·유지 지배체제'」, 『역사와 현실』 63, 2007, pp.345~377.

조선통신사, 『조선연감 1947~1948』, 여강출판사, 1986.

조소앙·삼균학회, 『소앙선생문집 1』, 횃불사, 1979.

주한미육군 정보사령부 정보참모부, 「정보 참모부 일일 보고서(1945.9~1946.1)」, 『지방 미군정 자료집』, 1993, pp.437~806.

추헌수, 『자료 한국독립운동 1』, 연세대출판부, 1970.

한국국토통일원, 『미군정정보보고서 1』, 국토통일원, 1981.

한국국회도서관, 『대한민국 임시정부의정원문서』, 국회도서관, 1974.

한국민주당선전부, 『한국민주당소사』, 1948.

한근조, 『고당 조만식 회상록』, 조광출판사, 1995.

한시준, 「대한민국 임시정부의 국내진입구상」, 『한국근현대사연구』, 21, 2002, pp.193~211.

한홍구, 「김두봉: 혁명가가 된 한글학자」, 『한국사 시민강좌』 47, 2010, pp.209~236.

함석헌, 「내가 겪은 신의주 학생사건」, 『씨알의 소리』 6, 1971, pp.33~48.

황병주, 「미 군정기 전재민구호운동과 '민족담론'」, 『역사와 현실』 35, 2000, pp.87~109.

논문자료

윤덕영, 「일제하·해방 직후 동아일보 계열의 민족운동과 국가건설로선」, 연세대학교 사학과 박사학위논문, 2010.

정병준, 「이승만의 독립로선과 정부수립운동」, 서울대학교 국사학과 박사학위논문,
　　　2001.

신문자료

고은, 「나의 산하 나의 삶(12)」, 『경향신문』 1990년 12월 20일자.

안재홍, 「8·15 당시의 우리 정계」, 『새한민보』 1949년 9월.

여운형, 「신조선건설의 대도」, 『조선주보』 1-2, 1945년 10월 22일자.

「건준 위원장 여운형, 건준의 성격과 사명에 관한 담화 발표」, 『매일신보』 1945년 8월 18
　　　일자.

「건준, 8월 19일 개최예정」, 『매일신보』 1945년 8월 15일자.

「건준, 국민에게 건국공작에 적극 협력할 것을 지령」, 『매일신보』 1945년 8월 15일자.

「경성부 북아현정 북부정 내 주민 자위단 조직」, 『매일신보』 1945년 8월 18일자.

「경성정연합회 - 생활, 질서 유지에 대한 방침결정」, 『매일신보』 1945년 9월 21일자.

「미기 주요도시 삐라 살포」, 『매일신보』 1945년 9월 1일자.

「소군, 미군의 경성입성 낭설유포」, 『매일신보』 1945년 8월 18일자.

「소완규 정연합회 위원장회담」, 『매일신보』 1945년 9월 19일자.

「열성자대회의 결과 - 분파성 행동을 비판하자」, 『해방일보』 1945년 9월 25일자.

「全京城町總代聯合會 결성」, 『매일신보』 1945년 8월 18일자.

「조선전재재외동포구제회 창립총회」, 『매일신보』 1945년 9월 2일자.

「조용만 회고문」, 『중앙일보』 1991년 10월 31일자.

「충북제천군내 자치 치안유지회 조직」, 『매일신보』 1945년 8월 18일자.

『매일신보』 1945년 8월 17일자.

『매일신보』 1945년 9월 4일자.
『매일신보』 1945년 9월 5일자.
『매일신보』 1945년 9월 6일자.

영문자료

Matray, James, *The Reluctant Crusade: American Foreign Policy in Korea, 1941~1950*, Honolulu: University of Hawaii Press, 1985.

United States Armed Forces in Korea, *History of the United States of Armed Forces in Korea* I, 돌베개, 1988.

United States, *Foreign Relations of the United States, 1942, III*, Washington: United States Government Printing Office, 1961.

1. 해방 직후 인민당 및 민족주의 민주전선 선전부장을 지낸 김오성은 『인민정권의 성격』『대조』1권 1호, 1946. 1, p.14.에서 해방 당시의 인민이라는 단어의 사용을 다음과 같이 설명하고 있다: "'인민'이란 어떤 특정계급을 배제한 민족의 절대다수를 지칭함이라. (중략) 근래에 우리에게 불리는 '인민'이라는 용어는 현 단계에서 어느 특권에 반항하는 공통된 이해를 가진 여러 층의 계급이 그 공통되는 투쟁목표 밑에 집결된 것으로서 사용되고 있다. 다른 나라의 인민전선이 그러한 것이다." 해방 직후의 인민이라는 용어의 사용에 대한 최근의 논의는 임종명, 「해방 공간과 인민, 그리고 민족주의와 민주주의」『한국사연구』167호, 2014, pp.193~246 참조. 하지만 임종명은 인민이라는 단어가 일반적으로 사용하는 경우와 좌파 계열에서 사용하는 경우를 분명하게 구분하고 있지 않는 것 같다. 여기에 대해서는 김인식, 『안재홍의 신국가 건설운동, 1944~1948』 선인, 2005, p.141, 주25 참조. "본디 '인민'이란 노동자, 농민, 중소지주, 중소자본가 등을 엮는 계급연합을 전제로, 계급 통합하려는 지향성이 담겨 있었지만, 여기에는 대지주, 대자본가를 갈라 솎아내는 정치성도 있었음이 사실이다."

2. 민주주의민족전선, 『조선 해방 일년사』 문우인서관, 1946, pp.75~76.

3. 서중석, 『한국현대민족운동연구』 역사비평사, 1996, p.207, p.210.

4. 김오성, 『지도자론』 조선인민보사 후생부, 1946, p.99.(강조는 필자의 것임). 건국동맹의 좌익통일전선적인 성격에 관해서는 필자의 미발표 논문 「건국동맹과 좌익민족전선」에서 자세하게 다루고 있다.

5. 여운형의 사상적인 위치를 알기 위해서는 정병준, 「해방 이후 여운형의 통일·독립운동과 사상적인 지형」, 『한국민족운동사연구』, 39,

2004, pp.99~147.; 박찬승, 「일제
하 한국 민족주의의 형성과 분화」,
『한국독립운동사연구』 15, 2000, 6
장 "진보적 민족주의자의 민족주의
론-여운형을 중심으로" 참조.

6. 이만규, 『여운형선생 투쟁사』, 민주
   문화사, 1946, p.176.

7. 김태준, 「연안행」『문학』 1946년 창
   간호; 보고사편집부, 『김태준 전집
   3』 보고사, 1998, p.437.

8. 여기에 대해서는 이애숙, 「일제 말기
   의 반파시즘 인민전선론: 경성 콤
   그룹을 중심으로」, 『한국사연구』,
   126, 2004, pp.203~238 참조.

9. 민주주의민족전선 편, 『조선 해방 일
   년사』 문우인서관, 1946, p.90.

10. 인민위원회의 역사와 성격에 대해
    서는 이석태 편, 『사회과학대사전』,
    문우인서관, 1948, p.518, "인민위
    원회" 항목 참조. 여기서는 인민위
    원회를 조선에서 만들어진 독자적
    인 정치단체라고 설명하지만 실제
    로는 1935년 이후 소련의 코민테른
    의 국제전략의 일환으로 제2차 세
    계대전 직후 소련이 점령지역에서
    사용한 통치방법의 하나이다. 여기
    에 대한 자세한 논의는 박명수, 「평
    안남도 건국준비위원회와 조만식」,
    『한국 기독교와 역사』, 41, 2014,
    pp.68~69 참조. 소련은 북한에 진
    주하여 건국준비위원회를 인민위
    원회로 바꾸라고 강요하였다.

11. 김정의, 「유정 조동호와 조선건
    국동맹」, 『문명연지』, 8-1, 2007,
    pp.331~371.

12. 임경석, 「일제하 공산주의자들의 국
    가 건설론」, 『대동문화연구』, 27,
    1992, p.213.

13. 여운홍, 『몽양 여운형』, 청하각,
    1967, p.133.

14. 이만규, 『여운형선생 투쟁사』,
    pp.177~178.

15. 박갑동, 『박헌영』 인간, 1983, p.88.

16. 정병준, 「조선건국동맹의 조직과 활
    동」, 『한국사연구』 80, 1993, p.134.

17. 김종수 외, 『고등학교 한국사』 금성
    출판사, 2014, p.352.

18. 여기에 대해서 필자는 건국동맹에
    관한 별도의 논문을 통해서 본격적
    으로 설명할 것이다.

19. 민주주의민족전선, 『조선 해방 일년사』, p.188. (강조는 필자의 것)

20. 민주주의민족전선, 『조선 해방 일년사』, p.3. 편집위원 가운데 한 사람인 이석태는 『조선사회과학대사전』을 편집한 사람이다.

21. 이만규, 『여운형선생 투쟁사』, p.189.

22. 같은 책, pp.202~203.

23. 해방 직후 『매일신보』 기자였으며, 후에 고려대학교 영문학과 교수를 지낸 조용만은 그의 회고담에서 8월 15일 여운형 댁으로 달려가다가 그 집 부근에서 최용달, 이강국, 박문규 세 사람을 만났다. 이강국은 조용만을 보자 "몽양선생 댁에 가지 말고 나에게 무엇이든 물어 봐. 이제부터는 내가 다 알려 줄 테니까." 라고 말했다는 것이다. 「조용만 회고문」, 『중앙일보』 1991년 10월 31일자, 11월 2일자; 양동안, 『대한민국 건국사』 건국대통령이승만박사기념사업회, 1998, p.53, 주3 참조.

24. 이만규, 『여운형선생 투쟁사』, pp.202~203.

25. 조선통신사, 『조선연감 1947~1948』 여강출판사, 1986, p.463.

26. 이동화 씨 면담, 1967년 3월 29일자(이정식, 「여운형과 건국준비위원회」 『역사학보』 134~135, 1992, pp.67~68에서 재인용).

27. 민족주의민주전선, 『조선 해방 일년사』 p.80; 이만규, 『여운형선생 투쟁사』 p.190.

28. 초건파와 재건파의 갈등은 이만규, 『여운형선생 투쟁사』 p.201 참조.

29. 김정의, 「유정 조동호와 조선건국동맹」 『문명연지』 8-1, 2007, p.367.

30. 민주주의민족전선, 『조선 해방 일년사』 p.79.; 김준연, 『독립노선』 시사시보사, 1947, p.4. 김준연은 "나는 정백 군으로부터 송진우 씨와 여운형 씨의 제휴에 대하여 주선해 달라는 부탁을 받았다. 정백 군 등의 의견에 의하면 송진우 측과 여운형 측이 제휴하면 국내에 있어서는 대항할 만한 세력이 없다는 것이다. (중략) 송진우 씨에게 14일 밤에 그 이야기를 하였더니 거절하고 응하지 않았다." 여기에 대해서 정

백도 같은 증언을 하고 있다.

31. 여운홍, 『몽양 여운형』 p. 136.

32. 8월 16일 여운형으로부터 최근우
는 정백, 박석윤과 함께 총독부의
건준 개편을 위한 대리인으로 추
천되었고, 또한 박석윤과 함께 건
준을 해체하려는 총독부를 방문하
여 강력하게 항의하였다. 송남헌,
『한국현대정치사 1』 성문각, 1986,
p.74.

33. 이영근, 「여운형 건준의 좌절」 『월간
조선』 1990, p.442(이정식, 「여운
형과 건국준비위원회」 『역사학보』
134, 1992, p.64, 주97에서 재인
용).

34. 박명수, 「해방 후 건국준비위원회와
기독교」 박명수·안교성·김권정 편,
『대한민국 건국과 기독교』 북코리
아, 2014, pp.73~74. 이규갑은 건
준에서 여운형과 마찰을 빚었다고
건준 당시 건준 치안국의 사무국장
으로 있었던 정상윤은 기록하고 있
다. "이규갑 선생이 재정부장으로
있던 어느 날, 박춘금(일제시대 친
일 사업가, 필자)은 40만 원의 돈과
자기가 소유한 금광시설과 자동차
의복 등을 건준에 바치겠다고 제
의해 왔다. 이때 그는 친일파의 돈
을 받을 수 없다고 반대했다. 그러
나 여 선생은 '왜 안 받느냐? 우리
나라에 박춘금보다 더 나은 사람이
누구 있느냐? 다 마찬가지지.' 하
고 그 돈을 받자고 했다는 것이다.
이 말은 해방 전 국내에 남아 있던
사람들은 직·간접으로 일제에 협
력하였고, 적어도 다 일제에 세금
을 바쳤으므로 모두가 마찬가지였
다는 뜻일 것이다. 여 선생과 이 선
생 사이에 이 문제로 의견이 엇갈
리자 동석했던 정백은 '위원장 말
에 복종하시오.'라고 말했다. 화가
난 이 선생은 '위원장을 황제로 바
꾸지. 위원들의 말을 듣지 않는 위
원장이 무슨 필요가 있어?'라고 말
했다고 한다. 이 일이 있고 난 다음
에 이 선생은 그때 건준 내에 좌익
이 많이 들어와 있는 것을 알고 8월
말경 재정부장직을 그만두었다고
후에 술회하고 있다." 정상윤, 「건준
천하 20일」 『월간 사월』 6-2, 1972,

p. 21. 이규갑은 이후에도 건준 및 인민공화국과 대립관계에 있었고, 9월 7일 인민대표자회의에 참석했던 지방대표들이 모여 있던 단성사에 자신의 부하 청년을 보내서 "이놈들! 내일 당장 내려가지 않으면 폭탄을 터트리겠다."고 위협하기도 했다. 같은 글, p. 23.

35. 이란 씨 면담, 1989년 8월 11일자 (이정식, 「여운형과 건국준비위원회」p. 40, 주33에서 재인용).

36. 여운홍, 『몽양 여운형』, p. 134, p. 138. 홍증식에 대해서는 『한국민족문화대백과사전』 참조.

37. 고준석, 『남조선노동당사』, 동경: 경초서방, 1978, p. 52, p. 315; 양동안, 『대한민국 건국사』 p. 53, 주2 참조.

38. 같은 책, p. 375.

39. 아침 몇 시인지에 대해서는 기록이 다르다. 일본 측 자료인 『조선종전의 기록』에는 총독부는 여운형에게 장기(長崎) 경성보호관찰소장과 함께 6시에 정무총감 관저에 오라고 통보했고, 다음날 이 두 사람은 6시 반에 정무총감 관저에 도착했다고 기록하고 있다(송남헌, 『한국현대정치사1』, p. 40에서 재인용). 하지만 당일 여운형을 수행했던 여운홍은 8시에 총감을 만났다고 기록하고 있다(여운홍, 『몽양 여운형』, p. 136).

40. 『매일신보』 1945년 8월 17일자. 그러나 이 5가지 조항은 책에 따라서 약간씩 표현이 다르다. 아마도 이것은 5가지 조항이 문서로 발표되지 않았기 때문인 것 같다.

41. 민주주의민족전선, 『조선 해방 일년사』, p. 80.

42. 같은 곳.

43. 여운홍, 『몽양 여운형』 p. 136. 일본과 미군 당국이 이런 잘못된 정보를 갖게 된 것은 지명을 잘못 읽었기 때문이라는 견해가 있다. 미군 정보당국에 의하면 이런 잘못된 정보는 당시에 많이 나타났다. 평양(Heijo), 경성(Keijo), 그리고 개성(Kaijo)을 혼동했고, 인천(Jinsen)과 원산(Gensan)을 오독했다는 것이다(United States Armed Forces in Korea, *History of the United States* *of Armed Forces in Korea I*, 돌베개, 1988, p.202). 여운홍이 1961년 일본을 방문해서 엔도에게 여기에 대해서 물어 보았는데, 그의 대답은 동경 외무성에서 온 전문에 그렇게 되었다는 것이다(여운홍, 『몽양 여운형』 p.137). 따라서 이것은 상당한 신빙성을 갖고 있다고 말할 수 있다. 이외에도 소련 진주설의 원인에는 공산당이 주도권을 잡기 위해서라는 설(여운홍), 일본이 한국인의 관심을 돌리기 위해서 조작했다는 설(삼전방부, 『조선종전의 기록』 참조) 등 많이 있다. 하여간 이 소련 진주설이 해방정국에 미친 영향은 매우 컸다고 생각된다.

44. 송남헌, 『한국현대정치사 1』 p.40.

45. 이정식, 『여운형과 건국준비위원회』 pp.44~49 참조.

46. 서중석, 『한국현대민족운동연구』 역사비평사, 1996, p.156.

47. 김준연, 『독립노선』, 시사시보사, 1947, p.1.

48. 같은 곳.

49. 이만규, 『여운형선생 투쟁사』,

50. 민주주의민족전선, 『조선 해방 일년사』 p.3. 원래 엔도 총감은 정치범 석방은 연합군의 진주 후에 이루어져야 한다고 주장하였다. 하지만 여운형은 당일 석방을 강조하여 관철시켰다. 이만규, 『여운형선생 투쟁사』 191; 송남헌, 『한국현대정치사 1』 p.64.

51. 민주주의민족전선, 『조선 해방 일년사』 pp.80~81.

52. 주한 미 육군 정보사령부 정보참모부, 「정보 참모부 일일 보고서(1945년 9월 11일)」 『지방미군정 자료집』 1993; 한국 국토통일원, 『미군정정보보고서 1』 1981, p.45.

53. 김진배, 『가인 김병로』 삼화인쇄주식회사, 1983, p.146.

54. 그레고리 헨더슨, 『소용돌이 속의 한국정치』 한울, 2013, p.229.

55. 이만규, 『여운형선생 투쟁사』, pp.185~187.

56. 같은 책, p.185.

57. 같은 곳.

58. 대표자대회는 소련의 소비에트라는

단어와 관련이 있는 것 같다. 원래 소비에트는 대표자회의라는 뜻을 가지고 있었는데, 러시아 혁명 때 노동자대표들이 모인 노동자 소비에트를 줄여서 소비에트라고 말하였다. 인민대표자회의는 인민 소비에트인 셈이다. 『두산백과사전』소비에트 항목 참조.

59. 이만규, 『여운형선생 투쟁사』, p.201.

60. 이만규, 『여운형선생 투쟁사』, p.212; 심지연, 『해방정국논쟁사 1』, 한울, 1986, p.92. 건국동맹 강령 2항이 "인민대표회의 급속 결성"이다.

61. 이만규, 『여운형선생 투쟁사』, p.137.

62. 같은 책, p.186.

63. 이만규는 당시 미국 유학생 가운데는 해방은 전적으로 미국의 덕택이라고 주장하는 사람들이 있는데 이것은 사대주의라고 강하게 비판하고 있다. 같은 책, p.187.

64. 정병준, 「해방 이후 여운형의 통일. 독립운동과 사상적 지향」『한국민족운동사 연구』 39, 2004, p.113; 김성보, 「소련의 조선임시정부 수립구상·미소공동위원회에 보낸 훈령과 조선임시정부 각료후보」, 『역사비평』 24, 1994 참조. 여기에 의하면 당시 소련은 김규식과 박헌영을 부수상 후보, 김일성을 국방상 후보로 추천하고 있다.

65. F. 샤브시나 꿀리꼬바, 「소련 여류 역사학자가 만난 박헌영」『역사비평』 25, 1994, p.172.

66. 필자는 여기에서 박갑동, 『박헌영』 인간사, 1983에 부록으로 수록되어 있는 「8월 테제: 현 정세와 우리의 임무」 p.294 인용.

67. 박헌영, 「8월 테제: 현 정세와 우리의 임무」 pp.305~306.

68. 같은 글, p.290.

69. 같은 글, p.289.

70. 같은 글, p.293. 이 부분은 8월 20일 처음 발표했을 때는 나오지 않던 것을 후에 가필한 것 같다. 한민당은 8월 당시 아직 조직되지 않았기 때문이다. 불행히도 원래 문서는 발견되지 않고 있다.

71. 박헌영, 「8월 테제: 현정세와 우리의 임무」 pp.304~305.

72. 김오성, 『지도자론』, p.124(강조는 원문의 것임).

73. 이만규, 『여운형선생 투쟁사』, p.140.

74. 민주주의민족전선, 『조선 해방 일년사』 p.188.

75. 박헌영의 추종자였던 박갑동은 여운형은 박헌영의 간관 노릇을 했다고 말하면서 미군정 하지 장군의 정치고문인 버치 중위가 여운형을 "은도끼 선생"이라고 불렀다고 평가한다. "은도끼"가 무엇이냐는 질문에 버취는 "도끼는 쇠로 만든 것이라야 나무를 자르는데, 은도끼는 겉만 번쩍번쩍하지 아무런 쓸모가 없는 것"이라고 말했다고 한다. 박갑동, 『박헌영』 pp.142~143.

76. 이동화 씨 면담, 1967년 3월 29일자 (이정식, 「여운형과 건국준비위원회」 pp.67~68에서 재인용). 여기에서 고딕체는 필자의 강조임.

77 안재홍, 「8·15 당시의 우리 정계」, 『새한민보』 1949년 9월; 안재홍선집간행위원회, 『민세 안재홍선집 2』 지식산업사, 1983, p.472.

78. 안재홍, 「민정장관을 사임하고」, 『신천지』 1948년 7월; 『민세 안재홍선집 2』 p.260.

79. 안재홍, 「몽양 여운형씨의 추억」, 1947년 9월; 『민세 안재홍선집 2』 pp.204~205.

80. 1948년 7월 『신천지』에 발표된 안재홍의 「민정장관을 사임하고」에 의하면 "몽양 여운형 씨 외의 정백 씨 및 외지 요인이 사정을 석명하고"라고 기록하였는데(『민세 안재홍선집 2』 p.260), 『새한민보』 1949년 9월에 실린 「8·15 당시의 우리 정계」에 의하면 "여·정 양씨와 좌방(左方) 수씨"가 자신을 설득했다고 기록하여(『민세 안재홍선집 2』 p.473.) 해방 직후에 건준이 공산주의자들을 중심으로 운영되고 있음을 암시하고 있다.

81. 오영진, 『소군정 하의 북한―하나의 증언』 중앙문화사, 1952, p.18.

82. 안재홍에 대한 가장 대표적인 연구서는 김인식, 『안재홍의 신국가 건

설운동』, 선인, 2005이며, 필자는
김인식의 연구로부터 안재홍에 대
한 많은 것을 배웠다.

83. 안재홍, 「몽양 여운형씨의 추억」,
1947년 9월;『민세 안재홍선집 2』,
pp.198~203.

84. 안재홍, 「8·15 당시의 우리 정계」,
『새한민보』1949년 9월;『민세 안
재홍선집 2』, pp.469~472; 김인
식, 『안재홍의 신국가 건설운동』,
pp.53~54 참조.

85. 민주주의민족전선,『조선 해방 일년
사』 p.79.

86. 안재홍, 「8·15 당시의 우리의 정계」,
『새한민보』1949년 9월;『민세 안재
홍선집 2』 p.475.

87. 안재홍, 「민정장관을 사임하고」,『신
천지』 1948년 7월;『민세 안재홍선
집 2』 pp.259~260.

88. 이만규,『여운형선생 투쟁사』,
p.219; 김인식,『안재홍의 신국가
건설운동』 pp.56~58.

89. 이만규,『여운형선생 투쟁사』 p.219.

90. 고하선생전기편찬위원회,『독립
을 위한 집념』, 동아일보사, 1990,

p.445.

91. 윤덕영, 「1920년대 전반 민족주
의 세력의 민족운동방향 모색과
그 성격」,『사학연구』, 98, 2010,
pp.343~390.

92. 안재홍, 「민정장관을 사임하고」,『신
천지』, 1989년 7월;『민세 안재홍선
집 2』, p.261. 바로 이 글에서 송진
우는 안재홍에게 심지어 소련 주도
의 세계혁명은 끝났고, 소련은 전
후복구를 위해서 미국과 협조할 것
이라고 보았다. 안재홍은 이 점에
서 송진우가 국제정세를 너무나 미
국 중심으로 보았다고 비판하고 있
다.

93. 같은 책, p.260.

94. 고하선생전기편찬위원회,『독립을
위한 집념』 p.416.

95. 김학준,『고하 송진우 평전』 동아일
보사, 1990, pp.291~292.

96. 고하선생전기편찬위원회,『독립을
위한 집념』 p.302.

97. 장준하를 비롯한 해방 직전의 한국
젊은이들이 임시정부에 어떤 기대
를 하고 있었고, 여기에 소위 연안

파들이 이것을 어떻게 방해했는가는 장준하의 『돌베개』 화다출판사, 1971 참조.

98. 「국내공작위원회설치안」, 『대한민국 임시정부의정원문서』, 국회도서관, 1974, p.853; 한시준, 「대한민국 임시정부의 국내진입구상」, 『한국근현대사연구』, 21, 2002, pp.207~208.

99. 고은, 「나의 산하 나의 삶(12)」, 『경향신문』 1990년 12월 20일자. 윤석구는 기독교 장로로서 건국준비위원회 군산지부장을 맡았고, 김구의 추천에 의해서 초대 교통부장관이 되었다.

100. 여기에 대한 자세한 논의는 윤덕영, 「송진우·한국민주당의 과도정부 구상과 대한민국임시정부지지론」, 『한국사학보』 42, 2011, p.2, 송진우의 "대한민국임시정부 지지론의 배경과 한계" 참조.

101. 유호준, 『역사와 교회』, 대한기독교서회, 1993, pp.190~191.

102. 한근조, 「조만식선생의 해방 직후 3개월」, 『고당 조만식 회상록』, 조광출판사, 1995, pp.324~325; 박명수, 「평안남도 건국준비위원회와 조만식」, 『한국 기독교와 역사』, 41, 2014, p.48.

103. 함석헌, 「내가 겪은 신의주 학생사건」, 『씨알의 소리』 6, 1971; 박명수, 「해방 후 건국준비위원회와 기독교의 역할」, 『대한민국 건국과 기독교』, p.80.

104. 심산사상연구회 엮음, 『김창숙 문존』, 성균관대학교 출판부, 1986, p.306; 서중석, 「해방 후 김창숙의 정치활동」, 『대동문화연구』, 43, 2003, p.164.

105. 이인, 「해방전후의 편편록」, 『신동아』, 1967년 8월, p.356; 윤덕영, 「송진우·한국민주당의 과도정부 구상과 대한민국임시정부지지론」, p.267.

106. 김준연, 『독립로선』, p.7.

107. 윤덕영, 「송진우·한국민주당의 과도정부 구상과 대한민국임시정부지지론」, pp.265~269 참조.

108. United States, *Foreign Relations of the United States, 1942, III*,

Washington: United States Government Printing Office, 1961, p.206; 이정식, 「인민공화국과 해방정국」, 『한국사시민강좌』, 12, 1993, pp.37~38.

109. 윤덕영, 「송진우·한국민주당의 과도정부 구상과 대한민국임시정부 지지론」, pp.253~254.

110. 안재홍, 「민정장관을 사임하고」, 『신천지』, 1989년 7월; 『민세 안재홍선집 2』, p.259.

111. 이런 점에서 윤덕영의 연구는 매우 중요하다. 그의 「일제하·해방 직후 동아일보 계열의 민족운동과 국가건설로선」, 연세대학교 사학과 박사학위논문, 2010을 비롯한 글들은 우리에게 많은 새로운 시각을 제공해 주고 있다.

112. 이인, 『반세기의 증언』, p.146; 송남헌, 『한국현대정치사 1』, p.61.

113. 「소군, 미군의 경성입성 낭설유포」, 『매일신보』 1945년 8월 18일자.

114. 이정식, 「여운형과 건국준비위원회」, pp.44~47; 이정식, 「8·15 미스테리: 소련 진주설의 진상」, 『신동아』, 1991년 8월호, pp.430~437 참조.

115. 민주주의민족전선, 『조선 해방 일년사』, pp.79~80.

116. 같은 책, p.80

117. 이인, 『반세기의 증언』, p.145.

118. 이만규, 『여운형선생 투쟁사』, p.204.

119. 삼전방부, 『조선종전의기록』(송남헌, 『한국현대정치사 1』, p.40에서 재인용).

120. 같은 곳.

121. 한국민주당선전부, 『한국민주당소사』, 1948, p.4; 고하선생전기편찬위원회, 『독립을 위한 집념』, p.447.

122. 이인, 『반세기의 증언』, pp.146~147.

123. 이정식, 「여운형과 건국준비위원회」, p.47.

124. 송남헌, 『한국현대정치사 1』, p.69.

125. 안재홍, 「몽양 여운형 씨의 추억」, 『안재홍선집 2』, pp.204~205; 김인식, 『안재홍의 신 국가건설운동』, 선안, 2005, p.89.

126. 이인, 『반세기의 증언』, p.147.

127. 송남헌, 『한국현대정치사 1』, p.73.

128. 최근에 학계에서는 식민지시대의 유지와 관한 논쟁이 있어 왔다. 지수걸은 일제의 관료가 지방유지와 함께 조선을 지배했다고 보는 한편, 윤해동은 지방유지가 제3의 회색지대에 있는 계층으로 이해한다. 지수걸, 「일제하 지방자치 시스템과 군 단위 '관료·유지 지배체제」, 『역사와 현실』 63, 2007; 윤해동, 「'식민지 인식의 회색지대'를 위한 변명」 『역사와 현실』 66, 2007 참조. 하지만 아직 해방 이후 유지들이 건국운동에 미친 영향에 대해서는 본격적인 연구가 이루어지지 않았다고 본다.

129. 박명수, 「해방 후 건국준비위원회와 기독교」 pp.82~83.

130. 민주주의민족전선, 『조선 해방 일년사』 p.82.

131. G-2 Periodic Report, No. 4(1945.9.14.).

132. 민주주의민족전선, 『조선 해방 일년사』 pp.81~82.

133. 「건준, 8월 19일 개최예정」 『매일신보』 1945년 8월 15일자.

134. 신호, 『현정치로선 비판과 그 신방향』 연건출판부, 1949, pp.27~29; 남광규, 「건국준비위원회 중앙조직의 약화과정과 요인」 『한국정치외교사논총』 28-1, 2006, p.20.

135. 민주주의민족전선, 『조선 해방 일년사』 p.82.

136. 아마도 민주주의민족전선은 8월 19일 열린 경성 정총대연합회와 경성 유지자대회를 혼동한 것이 아닌가 생각이 된다. 정총대는 실제로 유지들이기 때문이다. 그리고 다음에 논의하겠지만 이 단체는 공산주의자들과는 다른 입장에 서 있었다.

137. 민주주의민족전선, 『조선 해방 일년사』 p.82.

138. 같은 책, p.81.

139. 같은 곳.

140. 같은 곳.

141. 「경성부 북아현정 북부정 내 주민 자위단 조직」 『매일신보』 1945년 8월 18일자.

142. 「건준 위원장 여운형, 건준의 성격과 사명에 관한 담화 발표」 『매일신

보』1945년 8월 18일자.

143. 이영미, 『동원과 저항』, 푸른역사, 2009, pp.207~211.

144. 「건준, 국민에게 건준공작에 적극 협력할 것을 지령」, 『매일신보』 1945년 8월 18일자.

145. 「全京城町總代聯合會 결성」, 『매일신보』1945년 8월 18일자.

146. 「경성정연합회·생활, 질서 유지에 대한 방침결정」, 『매일신보』1945년 9월 21일자; 이영미, 『동원과 저항』, p.210.

147. 「건준, 국민에게 건국공작에 적극 협력할 것을 지령」, 『매일신보』 1945년 8월 15일자.

148. 「충북제천군 내 자치 치안유지회 조직」, 『매일신보』1945년 8월 18일자. 해방 직후 평양에서도 경방단이 치안에 참여하여 활동하였다. 오영진, 『소군정 하의 북한』, pp. 20~21.

149. 정상윤, 「건준 천하 20일」, p.20.

150. 「조선전재재외동포구제회 창립총회」, 『매일신보』1945년 9월 2일자. 해방 이후 전재민구호운동과 민족의 성격에 대해서는 황병주, 「미 군정기 전재민구호운동과 '민족담론'」, 『역사와 현실』 35, 2000 참조. 황병주에 의하면 해방 후 전재민구회에 있어서는 계급문제보다는 민족의 동질성에 호소하는 민족담론이 중요했다. 이 당시의 전반적인 구호활동에 대해서는 남찬섭, 「미군정기의 사회복지·민간구호단체의 활동과 주택정책」, 『복지동향』, 78, 2005, pp.43~51 참조.

151. 「소완규 정연합회 위원장 회담」, 『매일신보』1945년 9월 19일자.

152. 여운홍, 『몽양 여운형』, pp.138~142.

153. 이인, 『반세기의 증언』, p.148.

154. 송남헌, 『한국현대정치사 1』, p.74; 여운홍, 『몽양 여운형』, p.151.; 이만규, 『여운형선생 투쟁기』, pp.216~217. 여기에서 여운홍은 20일 경 성지회가 만들어졌다고 말한다.

155. 『매일신보』1945년 9월 2일자.

156. 민주주의민족전선, 『조선 해방 일년사』, p.84.

157. 이만규, 『여운형선생 투쟁기』, pp.210~211.

158. 같은 책, pp.272~275.

159. 같은 책, p.212.

160. 박헌영, 「8월 테제: 현 정세와 우리의 임무」 p.294.

161. 안재홍, 「민정장관을 사임하고」 『신천지』 1948년 7월호; 『민세 안재홍선집 2』 p.260.

162. 송남헌, 『한국현대정치사 1』, pp.73~74. 송남헌은 여기에서 민족진영에서 62명, 건준 측에서 73명, 그리고 다시 민족진영에서 5명을 더하여 135명이라고 말하는데, 여기에는 오류가 있는 것 같다. 이 숫자를 합하면 135명이 아니라 140명이 된다.

163. 민주주의민족전선, 『조선 해방 일년사』 pp.85~86. 여기의 확대위원의 숫자와 회의 일자는 다른 문서와는 다르다. 필자는 당시의 『매일신문』 기사를 참고할 때 『조선 해방 일년사』의 기록이 부정확한 것이 아닌가 생각한다.

164. 이만규, 『여운형선생 투쟁기』, pp.214~215.

165. 같은 책, p.219.

166. 같은 곳.

167. 이정식, 「여운형과 건국준비위원회」 pp.62~63에서 재인용.

168. 조소앙, 삼균학회, 「임시정부 비망록(1944.6.10)」 『소앙선생문집 1』 pp.498~502(도진순, 『한국민족주의와 남북관계』 서울대학교출판부, 1997, pp.27~28에서 재인용).

169. 「주중대사 헐 리가 국무장관에게」 (중경, 1945년 8월 14일); 미 국무성, 김국태 옮김, 『해방 3년과 미국 I: 미 국무성 비밀외교문서』 돌베개, 1984, pp.38~39.

170. 설의식, 『해방 이후』 소어산방장관, 1946, p.3; 정병준, 「이승만의 독립로선과 정부수립운동」 서울대학교 국사학과 박사학위논문, 2001, pp.170~182.

171. 「대한민국임시정부 주석(김구)과 외무부장(조소앙)이 주미한국대표부 위원장(이승만)에게」(중경, 1945년 8월 17일); 『해방 3년과 미국 I: 미 국무성 비밀외교문서』 pp.41~42.

172. 이정식(면담), 김학준(편집해설),

김용호(수정증보), 『혁명가들의 항일회상』, 민음사, 2005 개정판, p.147.

173. 문교부 국사편찬위원회, 「제39회 의회 회의록」, 『한국독립운동사(자료 1: 임정편)』, 국사편찬위원회, 1983, pp.191~193; 정병준, 「1940년대 대한민국임시의정원의 건국구상」, 『한국민족운동사연구』, 61, 2009, pp.169~171.

174. 추헌수, 「미상·중국국민당중앙집행위원회(1945.9.9)」, 『자료 한국독립운동 1』, 연세대출판부, 1970, p.6; 정병준, 「1940년대 대한민국임시의정원의 건국구상」, p.171.

175. 이정식(면담), 『혁명가들의 항일회상』, p.146.

176. 해방 후 조선인민공화국을 지지하는 성명 내용(조선통신사 제공)에 8월 16일 중경의 임시정부 방송의 내용이 인용되고 있다. 그 내용은 임시정부는 국민대표회의를 열어서 정식 정부를 수립해야 한다는 생각을 갖고 있다면서 만일 국내에 정식 정부가 생겼다면 우리는 혼연히 물러설 것이라고 말하고 있다. 심지연, 『해방정국 논쟁사 1』, 한울, 1986, p.79. 여기에 의하면 임시정부의 방송을 국내에서 듣고 있다는 것이 입증된다.

177. 「주중대사(헐 리)가 국무장관에게 (1945년 8월 31일)」, 『해방 3년과 미국 I: 미 국무성 비밀외교문서』, p.47.

178. "주중대사(헐 리)가 국무장관에게 (1945년 8월 31일)"; 『해방 3년과 미국 I: 미 국무성 비밀외교문서』, 47. 김두봉은 오래동안 중국공산당과 관계를 맺어 왔지만 실지로 그가 중국공산당원이 된 것은 해방 이후 조선으로 귀국할 무렵이었다. (한홍구, 「김두봉: 혁명가가 된 한글학자」, 『한국사 시민강좌』, 47, 2010, p.227. 아마도 이것은 조선이 공산국가가 될 가능성이 많이 있었기 때문이라고 생각된다. 당시 임정 좌익계열의 장권상이 연안에 가서 좌우합작을 논의하는 도중이었는데, 해방이 되었다는 소식에 연안의 좌파들의 모임에서 좌우합

작 논의는 갑자기 사라지고, 빨리 평양으로 가자는 주장이 대세를 이루었다고 한다. 이정식(면담),『혁명가들의 항일회상』 p.254.

179.「주중대사(헐 리)가 국무장관에게 (1945년 8월 31일)」,『해방 3년과 미국 I: 미 국무성 비밀외교문서』 p.47.

180. James Matray, *The Reluctant Crusade: American Foreign Policy in Korea, 1941~1950*, Honolulu: University of Hawaii Press, 1985, p.56; 이정식,「인민공화국과 해방정국」 p.39. 이 내용은 모스크바에서 해리먼 대사가 보낸 1945년 9월 3일자 보고서에 근거함. 이정식(면담),『전쟁과 공인계급』 p.147.에 의하면 이승만에 대한 비판기사가 당시 소련의 외교잡지『전쟁과 공인계급』에 실려 있다고 언급하고 있다.

181. 이정식(면담),『혁명가들의 항일회상』 p.148.

182. 송남헌,『한국현대정치사 1』 p.85.

183.「미기 주요도시 삐라 살포」『매일신보』 1945년 9월 1일자.

184.「국내외 동포에게 고함(1945년 9월 3일)」 전단; 심지연,『해방정국논쟁사 1』 pp.225~227.

185. 송남헌,『한국현대정치사 1』 p.61.

186.『매일신보』 1945년 9월 4일자.

187.『매일신보』 1945년 9월 5일자;『매일신보』 1945년 9월 6일자.

188. 고하선생전기편찬위원회,『독립을 향한 집념』 동아일보사, 1990, pp.451~452.

189. 같은 책, p.452.

190. 같은 책, p.453.

191. 송남헌,『한국현대정치사 1』, pp.85~86.

192. 이만규,『여운형선생 투쟁사』, pp.225~226.

193. 개최 시간에 대하여는 7시, 8시, 9시로 혼선이 있는 것 같다.「조선인민공화국 인민위원 선출결과(서기국 발표)」에는 저녁 9시라고 기록되어 있다. 심지연,『해방정국 논쟁사 1』 p.72. 필자는 서기국의 발표를 따른다.

194. 이정식,「인민공화국과 해방정국」『한국사시민강좌』, 12, 1993, pp.17~21.

195. 안재홍, 「8·15 당시의 우리 정계」, 『새한민보』 1949년 9월; 『민세 안재 홍선집 2』 p. 473.

196. 같은 책, p. 472.

197. 이만규, 『여운형선생 투쟁사』, p. 222; 민족주의 민주전선, 『조선 해방 일년사』 p. 85.

198. 윌리암 R. 랭돈, 「서문」, 여운홍, 『몽 양 여운형』 11.

199. 이만규, 『여운형선생 투쟁사』 185.

200. 여기에 대한 자세한 것은 박명수, 「평남건국준비위원회와 조만식」, 『한국 기독교와 역사』 41, 2014 참조.

201. 「열성자대회의 결과·분파성 행동을 비판하자」, 『해방일보』 1945년 9월 25일자 (이현주, 「조선공산당의 권 력구상과 '조선인민공화국'」, 『한국 근대사연구』, 36, 2006, p. 86에서 재인용).

202. 박갑동, 『박헌영』 p. 102.

203. 여운홍, 『여운형선생 투쟁사』 p. 260.

204. 김오성, 『지도자 군상』 조선인민보 사 후생부, 1946, "최용달."

205. 심지연, 『해방정국 논쟁사 1』 p. 70.

206. 박갑동, 『박헌영』 pp. 101~102; 자

세한 논의는 서중석, 『한국현대민 족운동연구』 pp. 217~218 참조.

207. 이만규, 『여운형선생 투쟁기』; 송남 헌, 『한국현대정치사 1』 p. 82.

208. 심지연, 『해방정국 논쟁사 1』 p. 71.

209. 민주주의민족전선, 『조선 해방 일 년사』 p. 86; 송남헌, 『한국현대정치 사 1』 p. 76 참조.

210. 여운형이 나중에 인민이라는 말을 미국의 링컨이 사용한 용례를 인 용하여 설명하지만 자신이 사용 한 "인민"이라는 말의 용례와는 부 합하지 않는다. 「신조선건설의 대 도」, 『조선주보』 1-2, 1945년 10월 22일자; 몽양여운형선생전집발간 위원회, 『몽양 여운형전집 1』 한울, 1991, p. 233.

211. 심지연, 『해방정국 논쟁사 1』 p. 71.

212. 같은 책, pp. 74~75.

213. 같은 책, pp. 73~74.

214. 같은 책, p. 73.

건국투쟁: 민주공화국인가, 인민공화국인가?

펴낸날	초판 1쇄 2015년 5월 30일
	초판 2쇄 2023년 8월 10일

지은이	박명수
펴낸이	김광숙
펴낸곳	백년동안
출판등록	2014년 3월 25일 제406-2014-000031호

주소	경기도 파주시 광인사길 22
전화	031-941-8988
팩스	031-8884-8988
이메일	on100years@gmail.com

ISBN	979-11-86061-24-4 04300
	979-11-86061-55-8 04080 (세트)